1 **Herz**

2 **Kreislauf**

Index

Dr. Andreas Fischer
Physiologie Band 6
MEDI-LEARN Skriptenreihe

6., komplett überarbeitete Auflage

MEDI-LEARN Verlag GbR

Autor: PD Dr. med. Andreas Fischer
Fachlicher Beirat: PD Dr. Andreas Scholz

Teil 6 des Physiologiepaketes, nur im Paket erhältlich
ISBN-13: 978-3-95658-006-2

Herausgeber:
MEDI-LEARN Verlag GbR
Dorfstraße 57, 24107 Ottendorf
Tel. 0431 78025-0, Fax 0431 78025-262
E-Mail redaktion@medi-learn.de
www.medi-learn.de

Verlagsredaktion:
Dr. Marlies Weier, Dipl.-Oek./Medizin (FH) Désirée Weber, Denise Drdacky, Jens Plasger, Sabine Behnsch, Philipp Dahm, Christine Marx, Florian Pyschny, Christian Weier

Layout und Satz:
Fritz Ramcke, Kristina Junghans, Christian Gottschalk

Grafiken:
Dr. Günter Körtner, Irina Kart, Alexander Dospil, Christine Marx

Illustration:
Daniel Lüdeling

Druck:
A.C. Ehlers Medienproduktion GmbH

6. Auflage 2014
© 2014 MEDI-LEARN Verlag GbR, Marburg

Das vorliegende Werk ist in all seinen Teilen urheberrechtlich geschützt. Alle Rechte sind vorbehalten, insbesondere das Recht der Übersetzung, des Vortrags, der Reproduktion, der Vervielfältigung auf fotomechanischen oder anderen Wegen und Speicherung in elektronischen Medien.
Ungeachtet der Sorgfalt, die auf die Erstellung von Texten und Abbildungen verwendet wurde, können weder Verlag noch Autor oder Herausgeber für mögliche Fehler und deren Folgen eine juristische Verantwortung oder irgendeine Haftung übernehmen.

Wichtiger Hinweis für alle Leser
Die Medizin ist als Naturwissenschaft ständigen Veränderungen und Neuerungen unterworfen. Sowohl die Forschung als auch klinische Erfahrungen führen dazu, dass der Wissensstand ständig erweitert wird. Dies gilt insbesondere für medikamentöse Therapie und andere Behandlungen. Alle Dosierungen oder Applikationen in diesem Buch unterliegen diesen Veränderungen.
Obwohl das MEDI-LEARN Team größte Sorgfalt in Bezug auf die Angabe von Dosierungen oder Applikationen hat walten lassen, kann es hierfür keine Gewähr übernehmen. Jeder Leser ist angehalten, durch genaue Lektüre der Beipackzettel oder Rücksprache mit einem Spezialisten zu überprüfen, ob die Dosierung oder die Applikationsdauer oder -menge zutrifft. Jede Dosierung oder Applikation erfolgt auf eigene Gefahr des Benutzers. Sollten Fehler auffallen, bitten wir dringend darum, uns darüber in Kenntnis zu setzen.

Inhalt

1	Herz	1
1.1	Die physiologische Herzaktion	1
1.1.1	Herzfrequenz (HF), Schlagvolumen und Herzzeitvolumen (HZV)	1
1.1.2	Phasen der Herzaktion	2
1.1.3	Herztöne	6
1.1.4	Vorhofdehnungsreflex	6
1.2	Erregungsbildung und Erregungsleitung	7
1.2.1	Aktionspotenzial des Ventrikelmyokards	7
1.2.2	Aktionspotenzial des Sinusknotens und der Zellen des Erregungsleitungssystems	9
1.2.3	Elektrokardiogramm (EKG)	10
1.2.4	Lagetyp des Herzens/Einthoven-Dreieck	12
1.2.5	Elektromechanische Kopplung	15
1.2.6	Herzrhythmusstörungen/ Erregungsleitungsstörungen	16
1.3	Mechanik der Herzaktion	21
1.3.1	Herzarbeit	21
1.3.2	Arbeitsdiagramm des Herzens	21
1.3.3	Vorlast und Nachlast	23
1.3.4	Frank-Starling-Mechanismus	23
1.3.5	Herzinsuffizienz	23
1.4	Herzinnervation	24
1.4.1	Sympathikus-Wirkungen	24
1.4.2	Parasympathikus-Wirkungen	25
1.5	Koronardurchblutung	25
1.6	Pathophysiologie der Herzklappen	26
1.6.1	Aortenklappenstenose	26
1.6.2	Aortenklappeninsuffizienz	26
1.6.3	Mitralklappenstenose	27
1.6.4	Mitralklappeninsuffizienz	27
1.7	Pathophysiologie der Herzentwicklung	27

2	Kreislauf	31
2.1	Funktionelle Einteilung des Gefäßsystems	31
2.1.1	Druckverhältnisse in den Herz- und Kreislaufabschnitten	32
2.1.2	Totaler peripherer Widerstand	32
2.2	Physikalische Grundlagen	33
2.2.1	Ohm-Gesetz	33
2.2.2	Compliance	33
2.2.3	Wandspannung	33
2.2.4	Viskosität: Fließeigenschaften des Blutes	34
2.2.5	Turbulente oder laminare Strömung?	34
2.2.6	Kontinuitätsgesetz und Kirchhoff-Gesetze	35
2.3	Arterielles System	35
2.3.1	Druckpuls und Strompuls	35
2.3.2	Windkesselfunktion der Aorta	37
2.3.3	Blutdruckregulation	37
2.3.4	Hydrostatischer Indifferenzpunkt	40
2.3.5	Orthostase	41
2.3.6	Pathophysiologie: Schock	41
2.4	Venöses System	45
2.4.1	Zentraler Venendruck	45
2.4.2	Venenpulskurve	45
2.5	Mikrozirkulation	46
2.5.1	Kolloidosmotischer Druck	46
2.5.2	Effektiver Filtrationsdruck	46
2.5.3	Pathophysiologie: Ödeme	48
2.6	Besonderheiten der Kreislaufregulation in den verschiedenen Organen	48
2.6.1	Autoregulation/Bayliss-Effekt	48
2.6.2	Gehirn	48
2.6.3	Lunge	48
2.6.4	Nieren	49
2.6.5	Herz	49
2.6.6	Haut	49
2.6.7	Skelettmuskel	49
2.7	Fetaler Kreislauf	49
2.7.1	Offener Ductus arteriosus Botalli	50
2.8	Lymphsystem	50

Ihre Arbeitskraft ist Ihr Startkapital. Schützen Sie es!

DocD'or – intelligenter Berufsunfähigkeitsschutz für Medizinstudierende und junge Ärzte:

- Mehrfach ausgezeichneter Berufsunfähigkeitsschutz für Mediziner, empfohlen von den großen Berufsverbänden

- Stark reduzierte Beiträge, exklusiv für Berufseinsteiger und Verbandsmitglieder

- Versicherung der zuletzt ausgeübten bzw. der angestrebten Tätigkeit, kein Verweis in einen anderen Beruf

- Volle Leistung bereits ab 50 % Berufsunfähigkeit

- Inklusive Altersvorsorge mit vielen individuellen Gestaltungsmöglichkeiten

Lassen Sie sich beraten!

Nähere Informationen und unseren Repräsentanten vor Ort finden Sie im Internet unter www.aerzte-finanz.de

Standesgemäße Finanz- und Wirtschaftsberatung

1 Herz

Fragen in den letzten 10 Examen: 60

Eigentlich ist das Herz ein denkbar einfach strukturiertes Organ: eine Pumpe, die ständig Blut durch den Körper bewegt. Die Leistung des Herzens ist dabei enorm. Im Laufe unseres Lebens durchläuft es etwa 2,7 Milliarden Arbeitszyklen und pumpt ca. 400–500 Millionen Liter Blut!

Neben diesen Höchstleistungen hat das Herz aber auch eine Schattenseite. In den „zivilisierten Ländern" sind Herz-Kreislauf-Erkrankungen inzwischen die Todesursache Nummer eins. Deshalb ist es sowohl für die klinische Tätigkeit als auch für die Prüfungen (nicht nur für das Physikum) wichtig, die Grundlagen der Herzfunktion zu verstehen. Im Physikum gehören Herz und Kreislauf zu den meist geprüften Themen der Physiologie. Das gilt sowohl für das schriftliche als auch für das mündliche Examen. Es lohnt sich also, hier ein wenig Zeit zu investieren und möglichst viel Verständniswissen anzuhäufen.

Im folgenden Kapitel wird es zuerst um den normalen Ablauf der Herzaktion gehen. Als nächstes wird die Elektrophysiologie besprochen: die herzspezifische Erregungsbildung und Erregungsleitung in den Zellen des Erregungsleitungssystems sowie das besondere Aktionspotenzial der Myokardzellen. Auch das normale EKG und die Bestimmung des Lagetyps gehören zu den beliebten Prüfungsthemen und werden hier entsprechend gewürdigt. Danach geht es um die Pumpfunktion des Herzens und darum, wie sie modifiziert werden kann. Den Abschluss bilden einige Aspekte der Pathophysiologie des Herzens.

1.1 Die physiologische Herzaktion

In diesem Kapitel werden dir zunächst ein paar Zahlen und Formeln vorgestellt, mit denen du die normale Herzaktion charakterisieren kannst. Danach geht es um den genauen Ablauf des Herzschlags, anhand dessen die Herzaktion in vier verschiedene Phasen eingeteilt wird. Es folgen die oft gefragten Druck- und Volumenschwankungen im linken Ventrikel während der Herzaktion. Den Abschluss bildet die – sowohl für die Physikumsprüfungen als auch für die Patientenuntersuchung in der Klinik – ausgesprochen wichtige Kenntnis der Herztöne, die mithilfe eines Stethoskops am Patienten auskultiert werden können.

1.1.1 Herzfrequenz (HF), Schlagvolumen und Herzzeitvolumen (HZV)

Die Herzfrequenz bezeichnet die **Anzahl der Herzkontraktionen pro Zeit** und wird meist pro Minute angegeben. Sie ist an den peripheren Arterien als **Puls** tastbar. Dabei variiert die Ruheherzfrequenz je nach Trainingszustand:
– bei durchschnittlichem Trainingszustand beträgt sie ca. 70/min,
– bei Ausdauersportlern ist ca. 40/min normal.
Unter Belastung kann die Herzfrequenz auf bis zu 200/min ansteigen.

Als Schlagvolumen bezeichnet man das **vom linken Ventrikel pro Herzschlag geförderte Volumen** (ist identisch mit dem vom rechten Ventrikel geförderten Volumen). Das normale Schlagvolumen beträgt ca. 80 ml (bei Ausdauersportlern höher).

Multipliziert man Herzfrequenz und Schlagvolumen, so ergibt sich das Herzzeitvolumen, also das **vom linken Herzen geförderte Volumen pro Zeit**.

Das durchschnittliche Herzzeitvolumen errechnet sich also so:
70/min · 80 ml = 5600 ml/min = 5,6 l/min

Unter Belastung steigt das Herzzeitvolumen stark an, und zwar sowohl durch eine Steigerung der Herzfrequenz als auch des Schlagvolumens. Das von trainierten Personen maximal erreichbare HZV beträgt ca. 40 l/min.

1 Herz

> **Merke!**
>
> HZV = HF · Schlagvolumen
> Normwerte: Schlagvolumen = 80 ml
>   Herzfrequenz = 70/min
>   Herzzeitvolumen = 5,6 l/min

Ficksches-Gesetz

Da sich das Schlagvolumen des linken Ventrikels in der Praxis nicht ohne weiteres bestimmen lässt, kann man zur Bestimmung des HZV das Ficksche-Gesetz nutzen:
Das Herzzeitvolumen ist die Sauerstoffaufnahme der Lunge geteilt durch die arteriovenöse Sauerstoff-Konzentrations-Differenz.

$$HZV = \frac{\dot{V}_{O_2}}{Ca_{O_2} - Cv_{O_2}}$$

Klingt recht kompliziert, ist es aber gar nicht. Die Sauerstoffaufnahme in der Lunge ($\dot{V}_{O_2}$) lässt sich nämlich als Differenz zwischen ein- und ausgeatmeter O_2-Menge bestimmen. Die arterielle Sauerstoffkonzentration (Ca_{O_2}) wird im Blut einer beliebigen Arterie bestimmt, die zentralvenöse Sauerstoffkonzentration (Cv_{O_2}) im Blut aus dem rechten Herzen oder aus der A. pulmonalis.
Das Schlagvolumen lässt sich ebenfalls einfach bestimmen, indem man das HZV durch die Herzfrequenz teilt.
Die Sauerstoffaufnahme der Lunge beträgt in Ruhe ca. 0,3 l O_2/min, die arterielle O_2-Konzentration etwa 0,2 l O_2/l Blut und die gemischt-venöse O_2-Konzentration etwa 0,15 l O_2/l Blut, sodass sich für das normale Herzzeitvolumen ergibt:

$$HZV = \frac{0{,}3\ l\ O_2/min}{(0{,}2 - 0{,}15)\ l\ O_2/l\ Blut}$$
$$= \frac{0{,}3\ l\ Blut/min}{0{,}05} = 6\ l\ Blut/min$$

Der Sauerstoff dient hier als Indikator für die Bestimmung des Herzzeitvolumens. Möglich ist auch die Bestimmung des HZV anhand anderer Indikatoren.

In den schriftlichen Physikumsfragen sind bis jetzt als mögliche Indikatoren aufgetaucht:
– der CO_2–Gehalt des Blutes und
– die Temperatur des Blutes.
Um die Temperatur als Indikator nutzen zu können, muss eine definierte Menge einer kalten (z. B. 20 °C) Lösung in eine zentrale Vene injiziert werden. Durch Messung der Temperaturänderung in den großen Arterien kann dann auf das Herzzeitvolumen geschlossen werden.

> **Merke!**
>
> Das Ficksche-Gesetz:
> $$HZV = \frac{\dot{V}_{O_2}}{Ca_{O_2} - Cv_{O_2}}$$

1.1.2 Phasen der Herzaktion

Das Blut gelangt aus den Hohlvenen in den rechten Herzvorhof, von da in die rechte Herzkammer, wird in die Pulmonalarterie ausgeworfen und in der Lunge oxygeniert. Von dort gelangt es über die Lungenvenen in den linken Herzvorhof, weiter in die linke Herzkammer und schließlich in die Aorta und damit in den Körperkreislauf.

Die Herzaktion wird in vier Phasen unterteilt:
1. die Anspannungsphase,
2. die Austreibungsphase,
3. die Entspannungsphase,
4. die Füllungsphase.

Anspannungs- und Austreibungsphase werden zur **Systole** zusammengefasst, **Entspannungs- und Füllungsphase** zur **Diastole**.

> **Merke!**
>
> Die Phasen der Herzaktion solltest du unbedingt beherrschen. Das Thema ist ein absoluter Dauerbrenner in den schriftlichen Prüfungen.

1.1.2 Phasen der Herzaktion

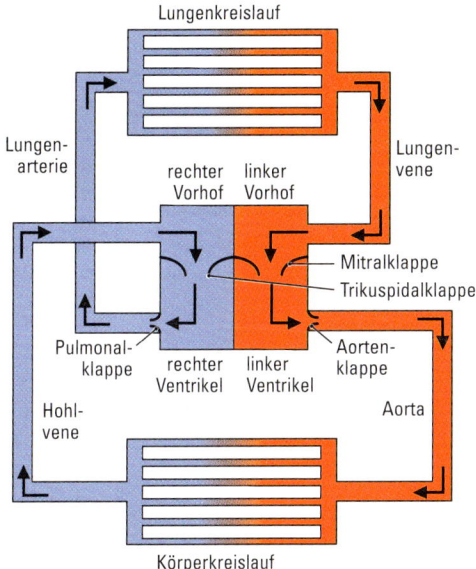

Abb. 1: Herzanatomie und Kreislauf

medi-learn.de/6-physio6-1

Anspannungsphase

Zu Beginn der Anspannungsphase sind die Ventrikel des Herzens gefüllt. Während der Anspannungsphase sind alle **Herzklappen geschlossen** und der Herzmuskel kontrahiert sich daher **isovolumetrisch**, d. h., dass das Volumen der Ventrikel unverändert bleibt. Der Druck in den Ventrikeln steigt durch die Kontraktion an. Zum Ende der Anspannungsphase ist der Druck im linken Ventrikel höher als der in der Aorta (und der im rechten Ventrikel höher als der im Truncus pulmonalis), wodurch sich die Taschenklappen passiv öffnen. Damit beginnt auch schon die Austreibungsphase.

Austreibungsphase

In der Austreibungsphase (Auswurfphase) wird durch weitere Kontraktion des Herzmuskels das Volumen in die Aorta (bzw. den Truncus pulmonalis) ausgeworfen. Dabei kontrahiert sich das Herz zuerst im Septum und an der Herzspitze, bevor sich die Kontraktion kranial in Richtung Herzbasis ausbreitet. Dort strömt das Blut in die Aorta bzw. den Truncus pulmonalis. Bei der Kontraktion nimmt der Innenradius des Ventrikels ab, während die Wanddicke zunimmt. Dies führt zu einer weiteren Druckzunahme (s. Laplace-Gesetz, 2.2.3, S. 33). Zum Ende der Austreibungsphase ist der Druck im Ventrikel wieder kleiner als in der Aorta, sodass sich die Taschenklappen passiv schließen. Die Austreibungsphase dauert etwa 0,2–0,3 Sekunden.

Entspannungsphase

In der Entspannungsphase sind alle **Herzklappen geschlossen**. Der Herzmuskel entspannt sich isovolumetrisch, wodurch der Druck in den Ventrikeln absinkt. Fällt der Ventrikeldruck unter den Druck in den Herzvorhöfen, öffnen sich die Segelklappen des Herzens und die Füllungsphase beginnt.

Füllungsphase

In der Füllungsphase werden die Ventrikel mit Volumen aus den Herzvorhöfen gefüllt. Der wichtigste Mechanismus zur Füllung der Ventrikel ist der **Ventilebenenmechanismus**. Als Ventilebenen des Herzens bezeichnet man die Ebene der Segelklappen. Diese Ventilebene verschiebt sich während der Herzaktion: in der Systole in Richtung Zwerchfell, sodass Blut aus den Venen in die Vorhöfe gesaugt wird, in der Diastole nach kranial, sodass das Blut aus den Vorhöfen in die Ventrikel gelangt. Zum Ende der Füllungsphase kontrahieren sich die Herzvorhöfe, was geringfügig zur Füllung der Ventrikel beiträgt. Allerdings steigt die Bedeutung der Vorhofkontraktion für die Ventrikelfüllung bei hohen Frequenzen an.

Da die Füllungsphase deutlich länger dauert als die Austreibungsphase, ist auch die Öffnungszeit der Segelklappen (AV-Klappen) länger als die der Taschenklappen. Die Dauer der Füllungsphase und damit die Dauer der Diastole hängt stark von der Herzfrequenz ab: Bei höheren Herzfrequenzen wird vor allem die Füllungsphase verkürzt, sodass beispielsweise bei einer HF von 150/min die Diastole nur noch 0,15 s dauert.

1 Herz

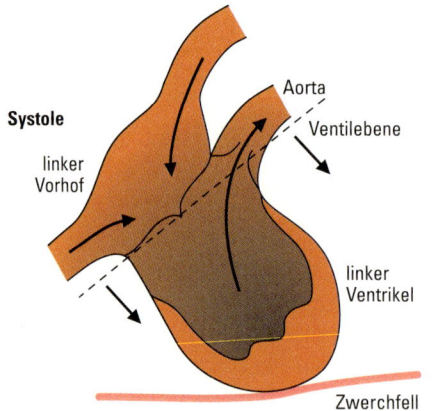

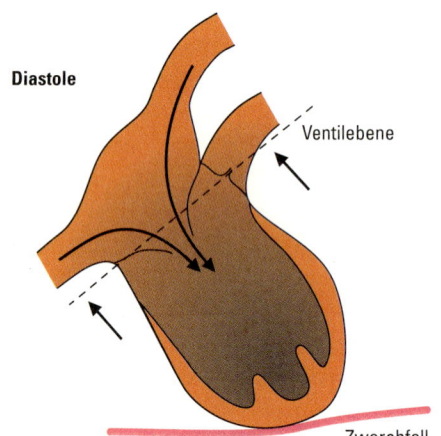

Abb. 2: Ventilebenenmechanismus

medi-learn.de/6-physio6-2

Druckkurve des linken Ventrikels

Die Anspannungsphase beginnt mit dem Schluss der Mitralklappe, weil der Druck im linken Vorhof den im Ventrikel unterschreitet (Punkt A). Durch die Anspannung des Kammermyokards steigt der Druck im Ventrikel stark an, bis er schließlich den Druck in der Aorta überschreitet (Punkt B). Dadurch öffnet sich die Aortenklappe und die Austreibungsphase beginnt. In der Austreibungsphase (Auswurfphase) steigt der intraventrikuläre Druck bis auf ca. 120 mmHg an. Gegen Ende der Auswurfphase fällt der intraventrikuläre Druck wieder ab. Unterschreitet er den Aortendruck, so schließt sich die Aortenklappe (Punkt C). In der Entspannungsphase sinkt der Druck im Ventrikel wieder ab und unterschreitet schließlich den Druck im Vorhof (Punkt D), wodurch sich die Mitralklappe öffnet. Während der Füllungsphase sind die Drücke im linken Ventrikel und im linken Vorhof gleich, da die Mitralklappe geöffnet ist und deshalb keine Druckdifferenz aufgebaut werden kann. Am Ende der Diastole liegt der Druck im linken Ventrikel wie im linken Vorhof bei ungefähr 8 mmHg. Durch die Ventrikelkontraktion zu Beginn der Systole kommt es zum Druckanstieg im Ventrikel und die Mitralklappe schließt sich (Punkt A).

Um die Druckkurven und die Phasen der Herzaktion vollständig zu verstehen, solltest du dir noch einmal vor Augen führen, dass sich die Herzklappen immer **passiv** als Reaktion auf eine **Druckdifferenz** öffnen oder schließen. Da sie das Blut nur in eine Richtung durchlassen, geben sie dem Blutstrom des Herzens die richtige Richtung.

	Taschenklappen = Semilunarklappen	Segelklappen	Dauer (bei HF 70/min)
Anspannungsphase	geschlossen	geschlossen	0,05 s
Austreibungsphase	geöffnet	geschlossen	0,2–0,3 s
Entspannungsphase	geschlossen	geschlossen	0,06 s
Füllungsphase	geschlossen	geöffnet	0,5 s

Tab. 1: Phasen der Herzaktion

1.1.2 Phasen der Herzaktion

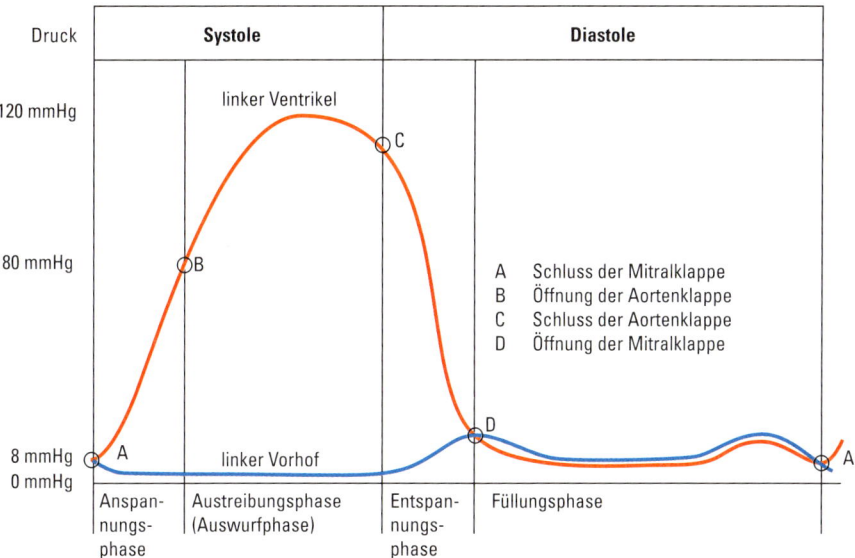

Abb. 3: Druckkurve linker Ventrikel und linker Vorhof mit Phasen der Herzaktion   medi-learn.de/6-physio6-3

Volumenkurve des linken Ventrikels

Nach der Ventrikelfüllung und damit zu Beginn der Systole beträgt das Volumen (enddiastolisch) des linken Ventrikels ca. **120 ml**. In der isovulometrischen Anspannungsphase ändert sich das linksventrikuläre Volumen NICHT. In der Austreibungsphase wird das Schlagvolumen (ca. 80 ml) ausgeworfen, das linksventrikuläre Volumen sinkt auf 40 ml ab (endsystolisch). In der ebenfalls isovolumetrischen Entspannungsphase ändert sich das Volumen nicht. Die Volumina am Ende der Austreibungsphase und am Ende der Entspannungs-

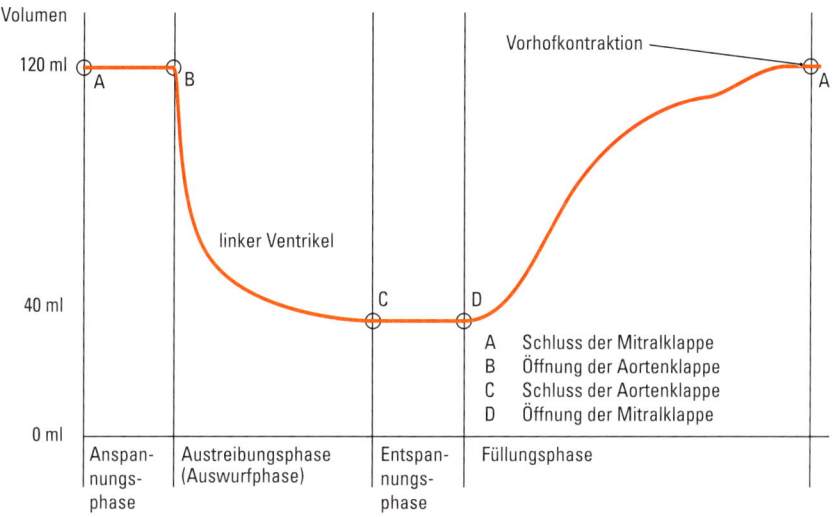

Abb. 4: Volumenkurve des linken Ventrikels mit Phasen der Herzaktion   medi-learn.de/6-physio6-4

1 Herz

phase sind also gleich. In der Füllungsphase wird der Ventrikel vor allem durch den Ventilebenenmechanismus (s. Abb. 2, S. 4) wieder gefüllt; gegen Ende der Füllungsphase ist durch die Vorhofkontraktion wieder das enddiastolische Volumen von 120 ml erreicht.

> **Merke!**
> - Die Normalwerte für das enddiastolische Volumen (120 ml) und das Schlagvolumen (80 ml) wurden im schriftlichen Examen schon des Öfteren gefragt. Das endsystolische Volumen (120 m – 80 ml = 40 ml) lässt sich daraus rechnerisch schnell ermitteln.
> - Das Verhältnis Schlagvolumen/enddiastolisches Volumen (80 ml/120 ml = 67 %) wird als Ejektionsfraktion bezeichnet und beträgt beim Gesunden mindestens 55 %.
> - Ebenso einprägen solltest du dir die Druck- und Volumenkurve.
>
> Mit einem fundierten Wissen zu den Phasen der Herzaktion lassen sich in jedem Examen ein paar sichere Punkte einsacken.

1.1.3 Herztöne

Insgesamt unterscheidet man vier Herztöne, von denen aber nur die ersten beiden konstant vorkommen:
- Der I. Herzton entsteht durch die Anspannung des Ventrikelmyokards und den Schluss der Segelklappen und ist daher zu Beginn der Anspannungsphase hörbar. Punctum maximum: 5. Interkostalraum (ICR) links medioklavikulär.
- Der II. Herzton entsteht durch den Schluss der Taschenklappen und markiert so das Ende der Austreibungsphase. Punctum maximum: 2. ICR rechts und links parasternal.
- Der III. und IV. Herzton sind oft nur mit elektrischer Verstärkung hörbar. Der III. Herzton entsteht durch den Bluteinstrom in den Ventrikel in der frühen Füllungsphase, der IV. durch die Vorhofkontraktion.

Von den physiologischen Herztönen unterscheidet man die pathologischen Herzgeräusche, die bei Herzklappenschäden oder kindlichen Herzfehlbildungen zu hören sind.

> **Merke!**
> - Der I. Herzton ist ein Anspannungston und markiert den Beginn der Systole.
> - Der II. Herzton entsteht durch den Schluss der Taschenklappen und markiert das Ende der Systole.

1.1.4 Vorhofdehnungsreflex

Neben ihrer Bedeutung für die Ventrikelfüllung haben die Herzvorhöfe auch eine Bedeutung bei der Regulation des Blutvolumens. Zwischen den Myozyten liegen Rezeptoren (B-Rezeptoren), die auf die Dehnung des Vorhofs reagieren. Sie vermitteln Informationen über den Füllungszustand des venösen Systems und der Vorhöfe an das ZNS. Bei vermehrter Vorhofdehnung wird die Freisetzung von ADH (antidiuretisches Hormon) aus dem Hypophysenhinterlappen gehemmt. Es resultiert eine gesteigerte Wasserausscheidung über die Niere (s. a. Skript Physiologie 1). Dieser „Gauer-Henry-Reflex" führt zur Wasserretention bei verminderter Vorhoffüllung und verstärkter Flüssigkeitsausscheidung bei starker Vorhoffüllung.

Außerdem wird von den Herzvorhöfen **bei erhöhter Dehnung** (erhöhtem Blutvolumen) das Hormon **ANF (atrialer natriuretischer Faktor = ANP = Atriopeptin)** ausgeschüttet. ANF hemmt die Natrium- und Wasserresorption in der Niere. Dadurch wird das **Blutvolumen des Körpers durch ANF gesenkt**. Indirekt wird dies von ANF auch durch die Hemmung der Reninfreisetzung bewirkt.

1.2 Erregungsbildung und Erregungsleitung

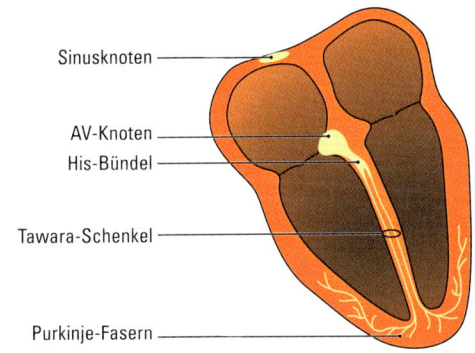

Abb. 5: Erregungsbildungs- und Erregungsleitungssystem
medi-learn.de/6-physio6-5

Die Herzaktion wird autonom gesteuert, was bedeutet, dass alle wichtigen Funktionen von Strukturen des Herzens selbst kontrolliert werden. Dazu gehören die Erregungsbildung, die im primären Schrittmacher – dem **Sinusknoten** – stattfindet, und die synchronisierte Erregungsweiterleitung durch das Reizleitungssystem sowie zwischen den einzelnen Herzmuskelzellen. Vom Sinusknoten breitet sich die elektrische Erregung über die Herzvorhöfe aus und erreicht den **Atrio-Ventrikular-Knoten** (AV-Knoten), der die Erregung besonders langsam weiterleitet. Von dort aus gelangt das elektrische Signal nach einer kurzen Verzögerung in die Ventrikel. Über das **His-Bündel** und die **Tawara-Schenkel**, die sich an der Herzspitze in die **Purkinje-Fasern** aufspalten, wird das Signal zuerst an die Herzspitze geleitet. Ab diesem Punkt breitet sich die Erregung konzentrisch über die Ventrikel aus. Dabei werden zuerst die Innenschicht und dann die Außenschicht des Myokards erregt. Nach der Kontraktion des Herzmuskels sind die Zellen für einige Zeit **refraktär**, d. h., dass eine eventuell auftretende neue Erregung weniger Zellen keine erneute Kontraktion auslösen kann. Ist dieser Mechanismus gestört, können Herzrhythmusstörungen auftreten. Interessanterweise besitzen die Purkinje-Fasern ein besonders langes Aktionspotenzial und sind daher auch lange refraktär. Dies verhindert, dass sie von Aktionspotenzialen, die zu früh aus dem Vorhof kommen, vorzeitig erregt werden. Im Ventrikel- und Vorhofmyokard wird die elektrische Erregung von Zelle zu Zelle über **Gap Junctions** weitergegeben. Bei steigenden intrazellulären Calcium-Konzentrationen, wie sie während des Aktionspotenzials überall auftreten, sowie pathologisch bei Hypoxie schließen sich diese Gap Junctions, sodass die Erregungsleitung beeinträchtigt ist: ein weiterer Mechanismus, der das Herz vor einer verfrühten Entstehung neuer Erregungen schützen soll.

1.2.1 Aktionspotenzial des Ventrikelmyokards

Das Aktionspotenzial des Kammermyokards lässt sich in vier verschiedene Phasen unterteilen:
1. der schnelle **Aufstrich**,
2. die **Plateauphase**,
3. die **Repolarisation**,
4. das **Ruhepotenzial**.

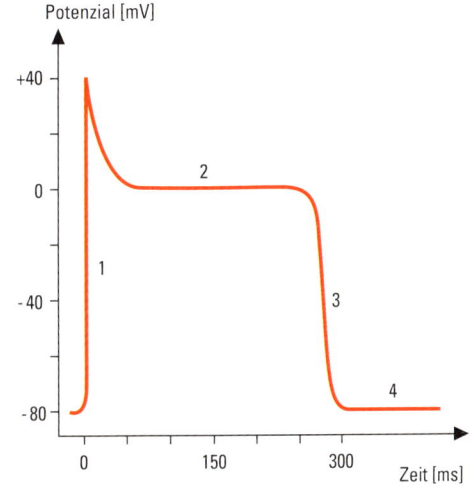

Abb. 6: Aktionspotenzial Ventrikelmyokard
medi-learn.de/6-physio6-6

1 Herz

Im Gegensatz zu den Zellen des Reizleitungssystems, deren Membranpotenzial sich aufgrund der spontanen diastolischen Depolarisation kontinuierlich verändert, haben die Ventrikelmyokardzellen ein konstantes (stabiles) **Ruhepotenzial** von ca. −85 mV. Werden die Herzmuskelzellen durch einen Reiz aus dem Erregungsleitungssystem erregt, steigt ihr Membranpotenzial bis zu dem Schwellenpotenzial von ca. −65 mV.

Dadurch werden – wie beim Aktionspotenzial der Nervenzellen – schnelle, spannungsgesteuerte Natrium-Kanäle geöffnet, sodass es zu einem starken Natrium-Einstrom – dem **schnellen Aufstrich** – in die Herzmuskelzellen kommt. Gleichzeitig fällt die Kalium-Leitfähigkeit ab.

Sobald alle Natrium-Kanäle inaktiviert sind (der Einstrom dauert nur etwa 1–2 ms), beginnt die **Plateauphase**. Durch die schnelle Depolarisation wurden nämlich spannungsgesteuerte L-Typ-Calcium-Kanäle geöffnet, sodass der Einstrom von Calcium-Ionen die Depolarisation der Zellen noch einige Zeit unterhält (ca. 200 ms).

Fällt das Membranpotenzial unter 0 mV, beginnt die **Repolarisationsphase**, in der die stark ansteigende Kalium-Leitfähigkeit das Membranpotenzial bis zum Ruhepotenzial abfällt.

Eine erhöhte Natrium- und Calcium-Leitfähigkeit führt zur Depolarisation, da diese Ionen extrazellulär höher konzentriert sind als intrazellulär, sie also in die Zellen hineinströmen. Im Gegensatz dazu steht die Kalium-Konzentration, die intrazellulär hoch und extrazellulär niedrig ist. Kalium strömt deshalb nach extrazellulär und verursacht so die Repolarisation der Zellen.

Hier folgt eine kurze Zusammenfassung wichtiger Fakten: Die Besonderheiten des Aktionspotenzials der Ventrikelmyokardzellen sind seine lange Dauer (ca. 300 ms) sowie die Plateauphase.

Daneben hängt die Dauer des Aktionspotenzials von der Herzfrequenz ab: Mit zunehmender Herzfrequenz wird das Aktionspotenzial kürzer, mit abnehmender Herzfrequenz länger. Dies beruht auf der Kalium-Leitfähigkeit, die zum Ende eines Aktionspotenzials hoch ist und noch einige Zeit über die Dauer des Aktionspotenzials hinaus erhöht bleibt. Bei einer hohen Herzfrequenz fällt das nächste Aktionspotenzial noch in eine Zeit erhöhter Kalium-Leitfähigkeit hinein; die Repolarisation geht daher schneller vonstatten und das Aktionspotenzial wird entsprechend verkürzt.

Auch Störungen im Elektrolythaushalt, wie z. B. eine Zunahme der extrazellulären Kalium-Konzentration oder eine Hyperkalzämie können zur Verkürzung des Aktionspotenzials führen. Eine Hypokalzämie dagegen verlängert das Aktionspotenzial.

	Leitfähigkeit	Membranpotenzial	Dauer
Aufstrich	Natrium ↑	von −80 auf 40 mV	1–2 ms
Plateau	Calcium ↑	ca. 10 mV	200–250 ms
Repolarisation	Kalium ↑	von 0 auf −80 mV	50 ms
gesamtes Aktionspotenzial			300 ms
Ruhemembranpotenzial	Kalium-Gleichgewichtspotenzial	−80 mV	700 ms

Tab. 2: Aktionspotential bei HF=60/min

Während der Plateauphase sind die schnellen Natrium-Kanäle vollständig inaktiviert. Trifft während dieser Zeit ein Reiz auf die Myokardzellen, kann kein weiteres Aktionspotenzial ausgelöst werden; das Herz ist dadurch vor Herzrhythmusstörungen geschützt. Diese Phase nennt sich **absolute Refraktärzeit**. Erst wenn das Aktionspotenzial in der Repolarisationsphase unter −40 mV fällt, kann durch stärkere Reize ein neues Aktionspotenzial ausgelöst werden. Diese Phase nennt sich **relative Refraktärzeit**.

1.2.2 Aktionspotenzial des Sinusknotens und der Zellen des Erregungsleitungssystems

In den Zellen des Sinusknotens (und allen anderen Zellen des Reizleitungssystems) unterscheidet sich das Aktionspotenzial von dem des Ventrikelmyokards in einigen wichtigen Punkten:

Das Ruhemembranpotenzial ist in den Zellen des Reizbildungs- und Reizleitungssystems NICHT konstant. Das ist darauf zurückzuführen, dass durch die Repolarisation ein Schrittmacherstrom ausgelöst wird. Im Wesentlichen sind dafür drei Mechanismen wichtig:

1. Die Kalium-Leitfähigkeit nimmt bei der Repolarisation schnell wieder ab (u. a. fehlen Kir2.1-Kalium-Kanäle).
2. Durch die Repolarisation werden HCN-Kanäle (durch **H**yperpolarisation und **c**yclische **N**ukleotide aktivierte, unspezifische Kationen-Kanäle (funny channels = Kanäle für I-funny-Strom)) geöffnet. Diese sind für Kalium und Natrium durchgängig, wobei der Natrium-Einstrom in die Zelle deutlich überwiegt.
3. Calcium-Ionen strömen in die Zelle ein (durch T-Typ-Calcium-Kanäle).

All dies bewirkt eine langsame Depolarisation bis zu einem Schwellenwert von ca. –40 mV, an dem ein Aktionspotenzial ausgelöst wird. So erklärt sich auch, dass, je nachdem wie schnell oder langsam diese **spontane diastolische Depolarisation** vor sich geht, die Herzfrequenz ansteigt oder sinkt. Sowohl der Sympathikus als auch der Parasympathikus beeinflussen diese Steilheit der diastolischen Depolarisation und nehmen so Einfluss auf die Herzfrequenz (s. Abb. 7, S. 9 und Abb. 26, S. 25).

Außerdem unterscheidet sich die Geschwindigkeit der spontanen, diastolischen Depolarisation je nach Zelltyp: Im Sinusknoten ist sie am höchsten, sodass der Sinusknoten den **primären Schrittmacher** des Herzens bildet. Vom Sinusknoten bis in die Purkinje-Fasern nimmt die Steilheit der diastolischen Depolarisation und damit die Eigenfrequenz der Zellen kontinuierlich ab, sodass am gesunden Herzen nur die Frequenz des Sinusknotens auf das Myokard weitergeleitet wird. Erst wenn der Sinusknoten ausfällt, wird die Frequenz des sekundären Schrittmachers – des AV-Knotens – auf das Myokard weitergegeben.

Im Anschluss an die diastolische Depolarisation folgt – wie im Myokard – der **Aufstrich** des Aktionspotenzials. Anders als bei den Ventrikelmyokardzellen beruht am **Sinusknoten** der **Aufstrich** jedoch auf einer **Aktivierung von Cal-**

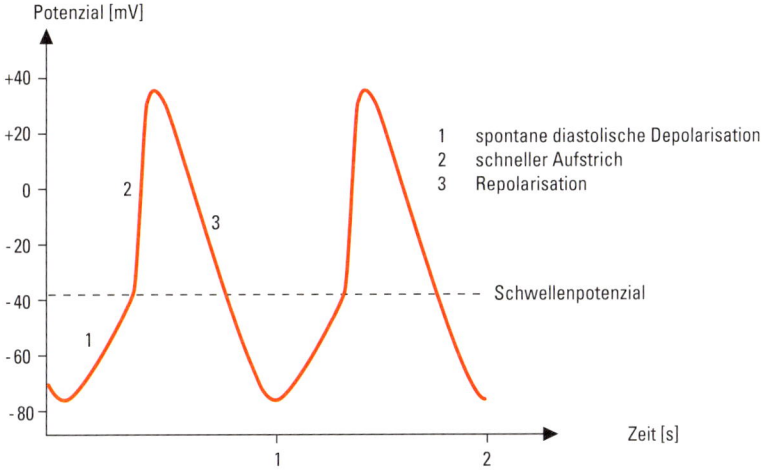

Abb. 7: Aktionspotenzial des Sinusknotens *medi-learn.de/6-physio6-7*

cium-Kanälen, also einer Erhöhung der Calcium-Ionenleitfähigkeit, und dem damit verbundenen Einstrom von Calcium-Ionen ins Myokard (Erinnerung: Am Ventrikelmyokard verursacht die Aktivierung von schnellen Natrium-Kanälen den Aufstrich, s. Abb. 6, S. 7). Die Repolarisation wird am Sinusknoten und am Arbeitsmyokard durch eine Erhöhung der Kalium-Leitfähigkeit ausgelöst.

> **Merke!**
>
> – Im Sinusknoten und in den Zellen des Erregungsleitungssystems löst die spontane diastolische Depolarisation Aktionspotenziale aus. Achtung: Es gibt dort keine schnellen Natrium-Kanäle!
> – Im Ventrikelmyokard wird der Aufstrich durch den Einstrom von Natrium-Ionen getragen, im Sinusknoten durch einen Calcium-Ionen-Einstrom.

1.2.3 Elektrokardiogramm (EKG)

Indem man Elektroden an bestimmten Stellen auf die Haut klebt und deren Potenzialschwankungen aufzeichnet, wird das **Elektrokardiogramm** abgeleitet. Aus den aufgezeichneten Kurven kann man auf pathologische Prozesse am Herzen schließen, indem man sie mit physiologischen EKG-Kurven vergleicht.

Grundlage des EKG sind Potenzialunterschiede der Herzmuskelfasern, die sich bis auf die Haut ausbreiten. Unerregte Fasern sind innen negativ (–80 mV) und außen positiv geladen. Bei erregten Fasern ist es umgekehrt (Natrium- und Calcium-Einstrom, innen +10 mV). Daher sind diese oberflächlich negativ geladen. Liegt eine Elektrode nun über einem großen unerregten Bereich und die zweite über erregtem Herzgewebe, so ergibt sich ein positiver Ausschlag (von Minus nach Plus).

Das EKG wird auf kariertes Papier aufgezeichnet und die Schreibgeschwindigkeit beträgt im Normalfall 50 mm pro Sekunde (oder 5 cm pro Sekunde), was immerhin 3 Meter pro Minute ergibt. Bei einer normalen Herzfrequenz von 60 pro Minute ist daher im Abstand von 5 cm je eine Herzaktion aufgezeichnet, bei 120/min alle 2,5 cm.

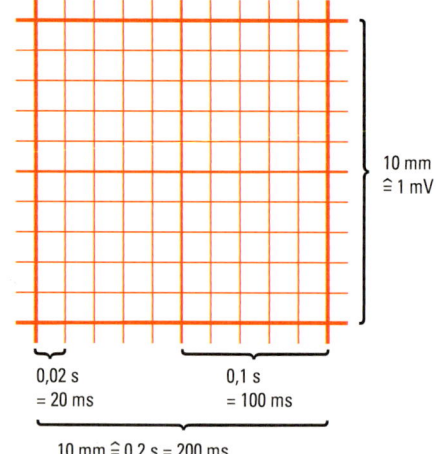

Abb. 8: EKG-Papier und Zeiten

medi-learn.de/6-physio6-8

Die Höhe der gemessenen Spannung liegt im Bereich von 1 mV. Hier ein Beispiel für ein normales EKG:

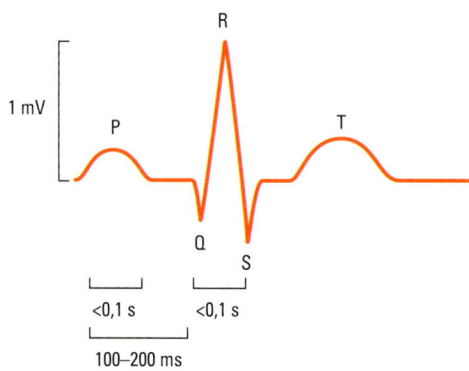

Abb. 9 a: EKG und Dauer der einzelnen Abschnitte, Ableitung II nach Einthoven

medi-learn.de/6-physio6-9a

Bei der Beschreibung des EKGs unterscheidet man zwischen **Wellen, Zacken, Strecken** und **Intervallen**.

1.2.3 Elektrokardiogramm (EKG)

Abb. 9 b: Wellentypen im EKG

medi-learn.de/6-physio6-9b

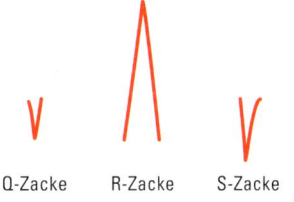

Abb. 9 c: Zackentypen im EKG

medi-learn.de/6-physio6-9c

Positive Zacken heißen **R-Zacke**, negative **Q- oder S-Zacke**. Ein Intervall besteht aus mindestens einer Welle und einer Zacke, z. B. PQ-Intervall von Beginn P-Welle bis Q-Zacke.

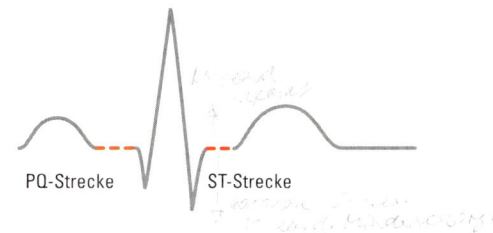

Abb. 9 d: Streckentypen im EKG

medi-learn.de/6-physio6-9d

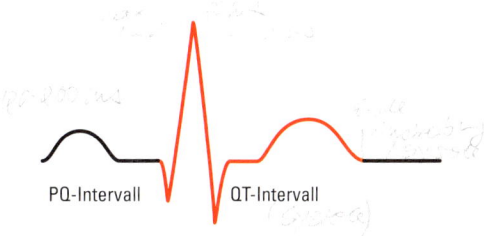

Abb. 9 e: Intervalltypen im EKG

medi-learn.de/6-physio6-9e

Die **P-Welle** entsteht durch die Erregung der Vorhöfe. Während der **PQ-Strecke** findet keine Erregungsverschiebung am Herzen statt, deshalb ist diese elektrisch neutral (0 mV). Das PQ-Intervall (Beginn der P-Welle bis Beginn des QRS-Komplexes) sollte zwischen 120–200 ms dauern.

Während der **PQ-Strecke** (vom Ende der P-Welle bis zum Beginn des QRS-Komplexes) ist die **Vorhofmuskulatur vollständig erregt**. Sie repräsentiert die **Erregungsüberleitung von den Vorhöfen auf die Ventrikel**. Die Erregungsrückbildung der Vorhöfe wird vom nachfolgenden **QRS-Komplex** überlagert und ist deshalb im EKG nicht sichtbar. Der QRS-Komplex ist Ausdruck der Erregung der Herzkammern und dauert etwa **80 ms**. Auf keinen Fall sollte er eine Dauer von 100 ms überschreiten und deshalb auf dem EKG-Bogen NICHT breiter als 0,5 cm sein. Die Höhe der R-Zacke sollte in den Extremitätenableitungen (s. Abb. 11, S. 12 und Abb. 14, S. 14) 1 mV (1 cm) NICHT überschreiten. Der QRS-Komplex entsteht am Beginn der Anspannungsphase.

Die **ST-Strecke** ist im normalen EKG eine gerade, isoelektrische (bei 0 mV liegende) Linie.

> **Übrigens ...**
> Bei bestimmten pathologischen Prozessen verläuft die ST-Strecke erhöht (ST-Hebung) oder erniedrigt (ST-Senkung). Die ST-Hebung ist typisch für einen Myokardinfarkt, die ST-Senkung für eine kardiale Minderversorgung bei koronarer Herzkrankheit.

Die **T-Welle** entsteht durch die **Erregungsrückbildung** der Herzkammern. Bei normaler Herzfrequenz liegt das **Maximum der T-Welle** nahe am **Druckmaximum des linken Ventrikels**. Das **Ende** der **T-Welle** (das Ende der Repolarisation) fällt mit dem **Ende der Austreibungsphase** (= Ende der Systole) zusammen (s. Abb. 10, S. 12). Das QT-Intervall (Beginn Q bis Ende T) entspricht der Dauer der Systole. Es wird mit zunehmender Herzfrequenz kürzer.

Das R-R-Intervall entspricht einer Herzaktion. Bei einem Puls von 60/min dauert es 1 Sek. (1000 ms). Unter Ruhebedingungen dauert die Systole etwa halb so lang wie die Diastole. Daher ist das QT-Intervall etwa 33 % vom R-R-Intervall.

1 Herz

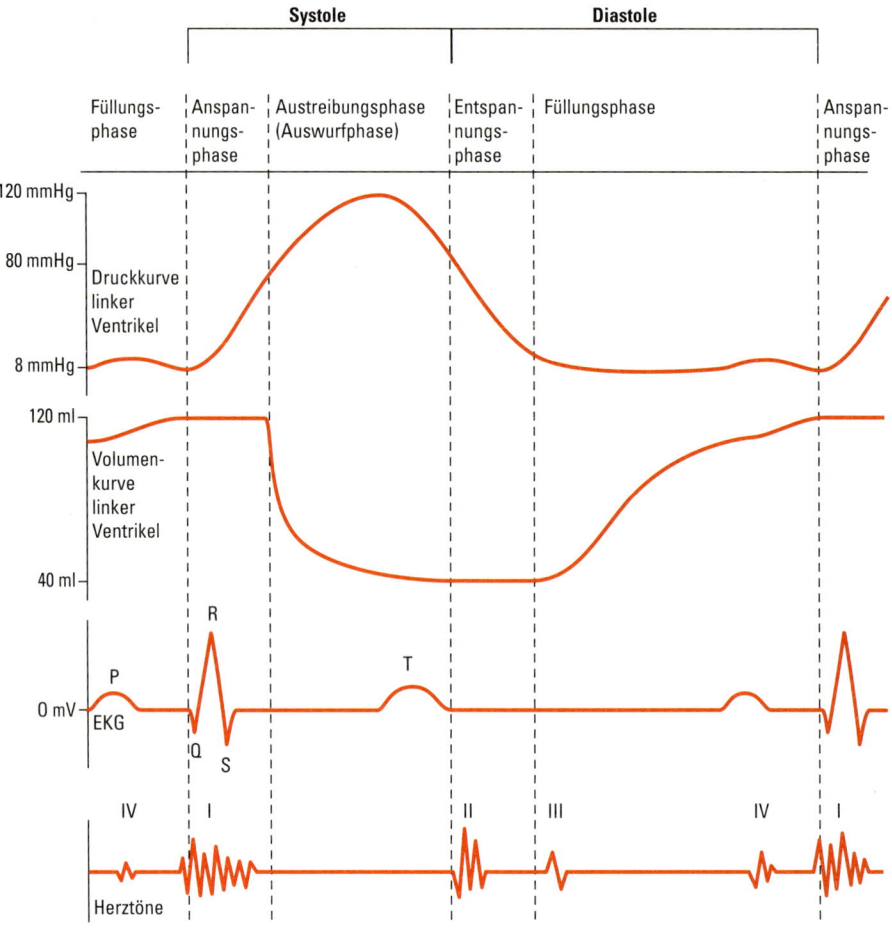

Abb. 10: Herzphasen, Druckkurve, Volumenkurve, EKG und Herztöne im Zeitverlauf *medi-learn.de/6-physio6-10*

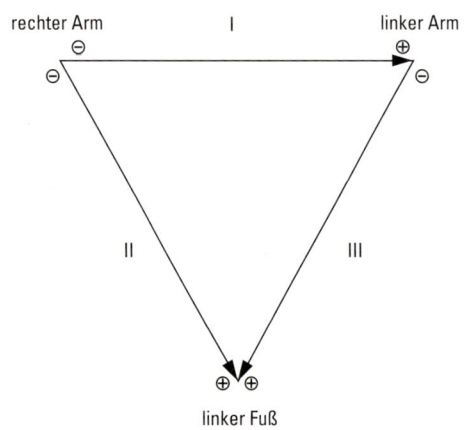

Abb. 11: Einthoven-Dreieck

medi-learn.de/6-physio6-11

Übrigens gibt es gerade bei Kindern und jungen Menschen atemsynchrone Schwankungen der Herzfrequenz (respiratorische Arrythmie) und auch des Blutdrucks. Diese werden durch jede Inspriation und Exspiration ausgelöst.

1.2.4 Lagetyp des Herzens/ Einthoven-Dreieck

Mit dem Ausdruck Lagetyp des Herzens wird in der Physiologie der elektrische Lagetyp bezeichnet, der NICHT der anatomischen Lage des Herzens im Thorax entsprechen muss.
Um den elektrischen Lagetyp zu bestimmen, muss das EKG anhand definierter Ableitungen geschrieben werden, nämlich den bipolaren

1.2.4 Lagetyp des Herzens/Einthoven-Dreieck

Extremitätenableitungen nach Einthoven: Die Ableitung I nach Einthoven zeigt vom rechten zum linken Arm des Probanden. Ist in der Ableitung I des EKGs ein positiver Ausschlag des QRS-Komplexes zu sehen, bedeutet dies, dass die Depolarisation des Herzens in diese Richtung fortschreitet.

Die Ableitungen nach Einthoven lassen sich in ein – auf die Frontalebene projiziertes – gleichseitiges Dreieck einzeichnen (s. Abb. 11, S. 12).

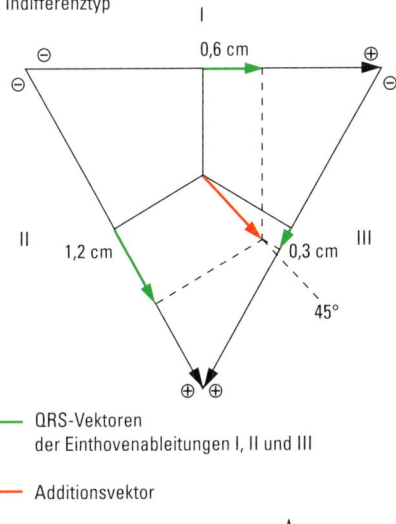

Abb. 12: QRS-Komplexe und zugehörige Bestimmung des Lagetyps im Einthoven-Dreieck für Indifferenztyp

medi-learn.de/6-physio6-12

Die Ableitung II zeigt vom rechten Arm auf den linken Fuß und die Ableitung III vom linken Arm auf den linken Fuß. Die Ableitung II entspricht damit bei normaler anatomischer Herzlage ziemlich genau der Erregungsausbreitung im Ventrikel zur Herzspitze. Der Lagetyp des Herzens kann aus den QRS-Komplexen der Einthoven-Ableitungen durch eine einfache Vektoraddition (s. Skript Physik) bestimmt und in das Einthoven-Dreieck eingezeichnet werden (s. Abb. 12, S. 13).

Den dort eingezeichneten Lagetyp nennt man **Indifferenztyp**. Um den ermittelten Lagetyp zu benennen, bestimmt man den Winkel zwischen dem Additionsvektor und der Horizontalen (= Ableitung I, = 0°) (s. Tab. 3, S. 13).

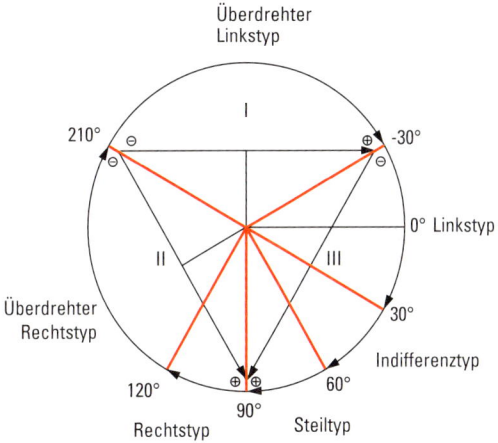

Abb. 13: Einthoven-Dreieck mit eingezeichneten Lagetypen (Cabrera-Kreis)

medi-learn.de/6-physio6-13

Lagetyp	Winkel zwischen Vektor und Ableitung I
Überdrehter Linkstyp	< als −30°
Linkstyp	−30° bis +30°
Indifferenztyp	+30° bis +60°
Steiltyp	+60° bis +90°
Rechtstyp	+90° bis +120°
Überdrehter Rechtstyp	> als +120°

Tab. 3: Einthoven-Dreieck mit eingezeichneten Lagetypen

In der Praxis werden meist gleichzeitig mit den Einthoven-Ableitungen noch andere Ableitungen geschrieben: die **Goldberger-Extremitätenableitungen**. Diese Ableitungen lassen sich ebenfalls in das Einthoven-Dreieck projizieren. Sie zeigen von der Mitte des Dreiecks auf die Extremitäten:
- die Ableitung aVR auf den rechten Arm,
- die Ableitung aVL auf den linken Arm,
- aVF auf den linken Fuß.

Die Goldberger-Ableitungen sind unipolar, d. h., dass die Elektrode bei aVL am linken Arm gegen eine Indifferenzelektrode (Zusammenschaltung der beiden anderen) gemessen wird. Im Physikum sollte man schon des Öfteren aus der gegebenen Herzachse bestimmen, in welcher Ableitung der QRS-Komplex am stärksten positiv oder negativ ist.

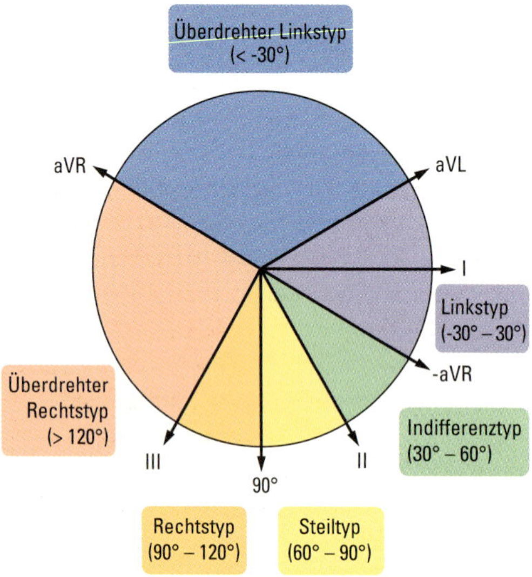

Die geringste Amplitude des QRS-Komplexes findet sich in 90° zum Vektor der Herzachse und damit in Ableitung III.

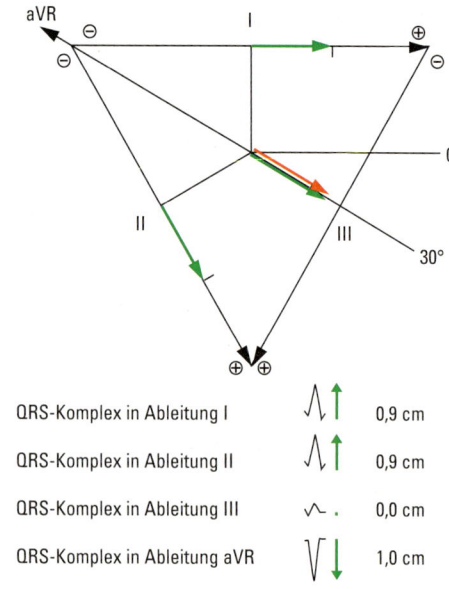

Abb. 15: Herzachse 30° und Amplituden der QRS-Komplexe, ermittelt aus dem Einthoven-Dreieck
medi-learn.de/6-physio6-15

Abb. 14: Cabrerakreis mit Lagetypen
medi-learn-de/physio6-14

Am besten lassen sich diese Aufgaben lösen, wenn du dir das Einthoven-Dreieck mit den sechs Extremitätenableitungen grob skizzierst und dir den Vektor der Herzachse einzeichnest, z. B. Abb. 15, S. 14. Der größte QRS Komplex ist immer in der Ableitung zu finden, die am nächsten zur elektrischen Herzachse liegt (z. B. ist einer Herzachse von +70° die R-Zacke in Ableitung II (+60°) am höchsten). Je weiter die Ableitungen vom Lagetyp entfernt sind, desto kleiner ist die R-Zacke.

Bei einer Herzachse von +30° zeigt der Vektor genau in die entgegengesetzte Richtung der Ableitung aVR, dort muss der QRS-Komplex daher am stärksten negativ sein. Am stärksten positiv ist er in den Ableitungen I und II, da der Winkel zwischen diesen Ableitungen und dem Vektor der Herzachse am kleinsten ist.

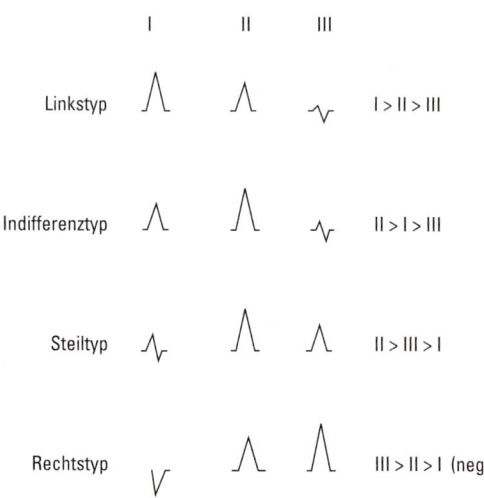

Abb. 16: Indifferenztyp, Linkstyp, Steiltyp und Rechtstyp (charakteristische Ableitungen im EKG)
medi-learn.de/6-physio6-16

Wenn dir die Konstruktion des Einthoven-Dreiecks in der Prüfung zu schwierig ist, dann kannst du für die wichtigen Lagetypen auch einfach lernen, wie sich die QRS-Komplexe in den jeweiligen Ableitungen verhalten (s. Abb. 16, S. 14).
Auch wenn der elektrische Lagetyp des Herzens keine Rückschlüsse auf die anatomische Lage des Herzens erlaubt, so beeinflussen dennoch anatomische Veränderungen am Herzen den Lagetyp. Zum Beispiel dreht sich am Ende der Schwangerschaft die elektrische Herzachse nach links, sodass ein Linkstyp resultiert. Ein anderes Beispiel ist die Änderung des Lagetyps durch die Atmung: Während der Inspiration ist die Herzachse beim Intermediärtyp steiler als während der Exspiration. Auch Narben im Myokard (z. B. nach Herzinfarkt) oder eine teilweise Blockade des Erregungsleitungssystems (Schenkelblock) können zur Änderung des Lagetyps im EKG führen.

1.2.5 Elektromechanische Kopplung

Die elektromechanische Kopplung beschreibt den Übergang der elektrischen Prozesse (Depolarisation und Repolarisation) am Herzmuskel in mechanische Prozesse (Kontraktion und Entspannung). Diese Kopplung wird über die Regulation des Calcium-Haushalts erreicht, da Calcium-Ionen die Kontraktion des Herzmuskels aktivieren. Je mehr Calcium während der Systole in die Myokardzellen gelangt, desto kräftiger wird die Kontraktion des Herzens.
Der Calcium-Einstrom während der Plateauphase der Herzmuskelzellen dient dabei als **Trigger**, also als Auslöser für einen gewaltigen Anstieg des intrazellulären Calciums: Die zytosolische **Calcium-Konzentration steigt** in der Systole gegenüber der Diastole um den **Faktor 100** an! Dazu trägt – neben dem aus dem Extrazellulärraum stammenden Calcium – die Freisetzung von intrazellulär, im sarkoplasmatischen Retikulum, gespeicherten Calcium-Ionen bei.
In den Membranen des **sarkoplasmatischen Retikulums** befinden sich spezielle Calcium-Kanäle – die **Ryanodin-Rezeptoren** – die den Calcium-Ausstrom ermöglichen. Die Aktivierung dieser Kanäle wird durch eine erhöhte zytoplasmatische Calcium-Konzentration verstärkt, sodass in diesem Fall das von extrazellulär einströmende Calcium die Entleerung der Calcium-Speicher des sarkoplasmatischen Retikulums triggert.
Um die Kontraktion des Herzmuskels zu beenden, wird das Calcium **aktiv** aus den Zellen entfernt. Dazu gibt es in der Membran des sarkoplasmatischen Retikulums eine **primär-aktive Calcium-ATPase** (SERCA), die die Calcium-Ionen in das sarkoplasmatische Retikulum pumpt und dort stark anreichert. Außerdem werden auch Calcium-Ionen nach extrazellulär transportiert: In der Zellmembran befindet sich ebenfalls eine Calcium-ATPase, die das Calcium primär-aktiv in den Extrazellulärraum pumpt. Zusätzlich befindet sich dort noch ein **Natrium-Calcium-Antiporter**, der **sekundär-aktiv Calcium** aus den Zellen **entfernt**. Dieser Natrium-Calcium-Antiporter wird indirekt durch die Natrium-Kalium-ATPase der Herzmuskelzellen angetrieben und entfernt ein Ca^{2+} aus der Zelle, während drei Na^+-Ionen einströmen.

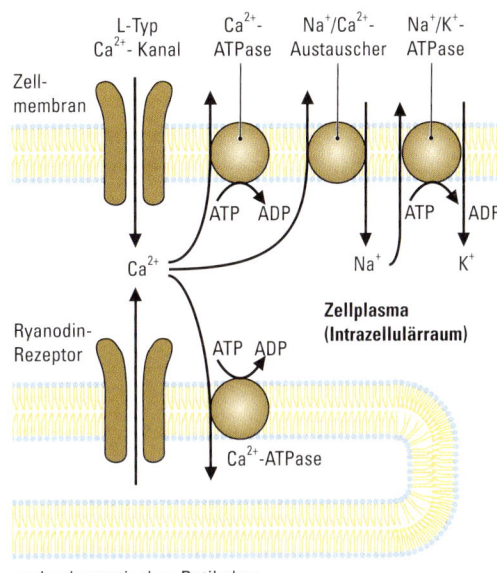

Abb. 17: Calcium-Transportproteine der Myokardzelle

medi-learn.de/6-physio6-17

Die Entfernung von Calcium aus dem Zytosol der Herzmuskelzellen ist vollständig, wenn das Calcium intrazellulär in der Diastole um den Faktor 10 000 geringer konzentriert ist als extrazellulär.
Hier noch mal die exakten Zahlen:
Calcium extrazellulär: 10^{-3} mol/l;
intrazellulär diastolisch: 10^{-7} mol/l,
systolisch: 10^{-5} mol/l.

> **Übrigens ...**
> Das Medikament Digitalis, das manchmal zur Therapie schwerer Herzinsuffizienz eingesetzt wird, macht sich das Calcium zunutze, um die Kontraktionskraft des Herzens – also die Inotropie – zu steigern: Es hemmt die Natrium-Kalium-ATPase der Herzmuskelzellen und damit indirekt den Natrium-Calcium-Antiporter. Dadurch kann weniger Calcium aus dem Zytosol entfernt und in den Extrazellulärraum geschafft werden. Stattdessen wird mehr Calcium ins sarkoplasmatische Retikulum gepumpt, wo es für die nächste Kontraktion wieder zur Verfügung steht. In der folgenden Systole kann dadurch mehr Calcium mobilisiert werden und die Kontraktionskraft des Herzens steigt.

> **Merke!**
> – In der Systole steigt die intrazelluläre Calcium-Ionen-Konzentration um den Faktor 100 an.
> – Ein positiv-inotroper Effekt resultiert aus der Erhöhung der intrazellulären Calcium-Konzentration.

Elektromechanische Entkopplung

Unter bestimmten pathologischen Bedingungen – z. B. als Folge eines Herzinfarkts oder eines Atemstillstands – kann es zur Dissoziation von Aktionspotenzialen und Herzaktion kommen, d. h., dass trotz erhaltenen Aktionspotenzialen keine Kontraktionen mehr stattfinden. Dieses Phänomen nennt man **elektromechanische Entkopplung** oder auch **pulslose elektromechanische Dissoziation**.

1.2.6 Herzrhythmusstörungen/ Erregungsleitungsstörungen

Bei den Herzrhythmusstörungen unterscheidet man zwischen tachykarden (mit zu schnell aufeinanderfolgenden Aktionspotenzialen) und bradykarden (mit zu langsam aufeinanderfolgenden Aktionspotenzialen) Störungen.
Die wahrscheinlich bekannteste und auch gefährlichste tachykarde Rhythmusstörung ist das **Kammerflimmern**. Dabei laufen die Aktionspotenziale der Herzmuskelzellen völlig asynchron und es kommt zu keiner geordneten Herzaktion mehr. Die effektivste Therapie des Kammerflimmerns ist die elektrische Defibrillation.
Kammerflimmern kann entstehen, wenn Aktionspotenziale während der „vulnerablen Phase" (während des aufsteigenden Abschnitts der T-Welle) des Aktionspotenzials einfallen. Ein Risikofaktor dafür ist die Verkürzung des Aktionspotenzials mit daraus folgender Verkürzung der Refraktärzeit.
Eine wesentlich harmlosere Herzrhythmusstörung, die auch bei gesunden Menschen hin und wieder vorkommt, ist die **ventrikuläre Extrasystole**. Diese Erregungen gehen von einigen vorzeitig depolarisierenden Ventrikelzellen aus. Im EKG erscheinen sie als **vorzeitig auftretende, deformierte** und **verbreiterte QRS-Komplexe**. Nach der Extrasystole fällt der erste QRS-Komplex weg, anschließend geht es jedoch wieder im ursprünglichen Rhythmus weiter. Dieses Phänomen nennt man eine **vollständige kompensatorische** Pause. Treten die ventrikulären Extrasystolen aber während der vulnerablen Phase (während der T-Welle) auf, kann es sein, dass sie über den ganzen Ventrikel weitergeleitet werden und so ein Kammerflimmern auslösen.

1.2.6 Herzrhythmusstörungen/Erregungsleitungsstörungen

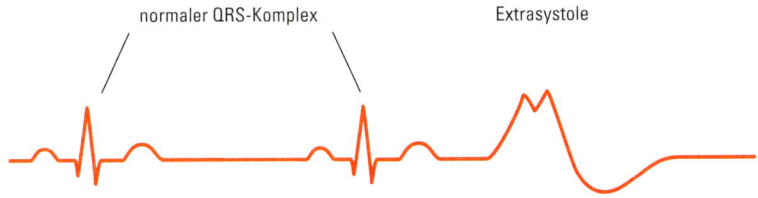

Abb. 18: Extrasystole im EKG

medi-learn.de/6-physio6-18

Von diesen eigentlichen Herzrhythmusstörungen sind Störungen der Erregungsleitung zu unterscheiden. Bei diesen verläuft zwar die Erregungsbildung regelrecht, aber im Erregungsleitungssystem treten Blockaden auf, die die Weitergabe der Aktionspotenziale über das Erregungsleitungssystem verhindern oder verzögern. Ist z. B. der AV-Knoten vollständig blockiert, so können die Erregungen aus dem Sinusknoten nicht auf den Ventrikel übertragen werden. Der Ventrikel schlägt dann in einem Ersatzrhythmus, unabhängig von den Vorhöfen (z. B. Rhythmus der Vorhöfe [P-Wellen] 100/min und Ventrikel [R-Zacken] 30/min).

Häufig zu finden sind auch die **Schenkelblöcke**, bei denen die Blockade einen der Tawara-Schenkel betrifft. Das Myokard, das eigentlich von dem blockierten Tawara-Schenkel versorgt wird, wird dann verzögert und indirekt (über die angrenzenden Myozyten) erregt, wodurch sich der Lagetyp im EKG ändert: Es kommt zur **Verbreiterung des QRS-Komplexes** und zu einer **Änderung des Lagetyps**.

Schließlich wurde auch schon nach dem Long-QT-Syndrom gefragt. Hierbei ist die Repolarisation am Ende der Systole verlangsamt und die Systolendauer (QT-Intervall) verlängert sich.

DAS BRINGT PUNKTE

In fast jedem Physikum tauchen Fragen zum Thema **physiologische Herzaktion** auf. Daher solltest du dir unbedingt merken, dass:
- die Formel des Fickschen-Gesetzes lautet:

$$HZV = \frac{\dot{V}_{O_2}}{Ca_{O_2} - Cv_{O_2}}$$

- man anhand des Fickschen-Gesetzes das Herzzeitvolumen aus der Sauerstoffaufnahme der Lunge sowie den arteriellen und venösen Sauerstofffraktionen berechnen kann,
- die Systole aus Anspannungs- und Austreibungsphase besteht,
- die Diastole aus Entspannungs- und Füllungsphase besteht,
- während der Austreibungsphase die Taschenklappen geöffnet sind
- während der Füllungsphase die Segelklappen geöffnet sind,
- die Vorhofkontraktion in die Füllungsphase fällt,
- die Anspannungs- und Entspannungsphase isovolumetrisch sind und daher alle Herzklappen geschlossen sind und
- ANF (Atriopeptin) vom Herzvorhof bei erhöhtem Blutvolumen ausgeschüttet wird.

Mit dem **EKG** solltest du dich zum Physikum besonders gut auskennen. Der größte Punktelieferant ist hier die Dauer des QRS-Komplexes.
Bitte merke dir, dass
- der QRS-Komplex 80 ms dauert.
- ein deutlich verlängerter QRS-Komplex immer pathologisch ist. Er kommt z. B. als ventrikuläre Extrasystole oder bei Schenkelblock vor.

Zur **elektromechanischen Kopplung** sind die folgenden Fakten besonders relevant:
- Die Kontraktion des Herzmuskels wird über eine Erhöhung des intrazellulären Calcium-Spiegels gesteuert. Der Calcium-Spiegel steigt dabei um den Faktor 100 an.
- Zum Beenden der Kontraktion wird das Calcium aktiv aus den Zellen entfernt. Dazu tragen Calcium-ATPasen im Sarkolemm und in der Membran des sarkoplasmatischen Retikulums maßgeblich bei. Außerdem ist auch ein Natrium-Calcium-Antiporter in der Zellmembran daran beteiligt.

FÜRS MÜNDLICHE

Das waren die beiden großen Themen physiologische Herzaktion und Herzerregung. Diese Themen werden in mündlichen Physikumsprüfungen gerne gefragt, weil sie für deine klinische Tätigkeit wichtig sind.
Du solltest daher fürs Mündliche möglichst ein normales EKG zeichnen und alle Wellen, Zacken usw. benennen können. Es lohnt sich, das Prinzip der Lagetypbestimmung soweit zu beherrschen, dass du in der Prüfung aus einem EKG einen Lagetyp bestimmen kannst. Deshalb solltest du auch das Einthoven-Dreieck (welcher Vektor zeigt wohin?) sicher beherrschen.
Basierend auf den Physikumsprotokollen auf der Seite www.medi-learn.de folgen hier weitere Fragen zur eigenen Überprüfung deines Wissens.

1. Beschreiben Sie bitte kurz den Ablauf der normalen Herzaktion.

2. Welche Herztöne kennen Sie und wie entstehen diese?

FÜRS MÜNDLICHE

3. Erläutern Sie bitte, wie es zur Erregungsbildung in den Zellen des Sinusknotens kommt.

4. Sagen Sie, wie das Aktionspotenzial der Zellen im Sinusknoten aussieht.

5. Wie sieht das Aktionspotenzial der Zellen des Ventrikels aus?

6. Wie unterscheiden Sie die Aktionspotenziale von Sinusknoten und Kammermyokard?

7. Erläutern Sie bitte, wie ein normales EKG aussieht und was die einzelnen Strukturen repräsentieren.

8. Nennen Sie mir bitte Beispiele für Herzrhythmusstörungen. Woran erkennen Sie diese im EKG?

9. Welche EKG-Ableitungen kennen Sie und wie werden diese abgeleitet?

---

1. Beschreiben Sie bitte kurz den Ablauf der normalen Herzaktion.
Die Systole folgt auf die Füllung der Ventrikel und beginnt mit dem Schluss der Segelklappen. Zu Beginn der Systole kontrahiert sich der Ventrikel, bis der Druck im Ventrikel den in der Aorta (bzw. des Tr. pulmonalis) übersteigt. Dann öffnen sich die Taschenklappen und Blut wird in die Arterien ausgeworfen. Wird der Druck in der Aorta größer als im Ventrikel, beginnt mit dem Schluss der Taschenklappen die Diastole. Zuerst entspannt sich die Ventrikelmuskulatur, dann öffnen sich die Segelklappen und die Ventrikel füllen sich erneut mit Blut. Vor allem der Ventilebenenmechanismus sorgt für die Füllung des Ventrikels.

2. Welche Herztöne kennen Sie und wie entstehen diese?
I. Herzton: Anspannungston, entsteht durch die Anspannung des Ventrikels und Schluss der Segelklappen zu Beginn der Systole.
II. Herzton: Entsteht durch den Schluss der Taschenklappen am Ende der Systole.
III. Herzton: Entsteht durch das Einströmen des Blutes in den Ventrikel zu Beginn der Füllungsphase.
IV. Herzton: Wird durch die Vorhofkontraktion am Ende der Diastole verursacht.

3. Erläutern Sie bitte, wie es zur Erregungsbildung in den Zellen des Sinusknotens kommt.
Entsteht durch spontane diastolische Depolarisation: Schrittmacherstrom (Calcium- und Natrium-Einstrom) → Erreichen eines Schwellenwerts → Aktionspotenzial.

4. Sagen Sie, wie das Aktionspotenzial der Zellen im Sinusknoten aussieht.
Dieses Aktionspotenzial solltest du zeichnen (s. Abb. 7, S. 9), die drei Phasen und die zugehörigen Ionenströme benennen können.

5. Wie sieht das Aktionspotenzial der Zellen des Ventrikels aus?
Auch hier solltest du das Aktionspotenzial zeichnen und die Ionenströme benennen können (s. Abb. 6, S. 7).

6. Wie unterscheiden Sie die Aktionspotenziale von Sinusknoten und Kammermyokard?
Am Sinusknoten ist der Auslöser die spontane diastolische Depolarisation, am Kammermyokard die fortgeleitete Erregung der Nachbarzellen; im Ventrikelmyokard wird die Depolarisation durch den Einstrom von Natrium-Ionen getragen, im Sinusknoten durch einen Calcium-Ionen-Einstrom. Eine Plateauphase (durch Ca^{2+}-Einstrom) ist charakteristisch für das Myokard.

FÜRS MÜNDLICHE

7. Erläutern Sie bitte, wie ein normales EKG aussieht und was die einzelnen Strukturen repräsentieren.
P-Welle: Vorhofdepolarisation
QRS-Komplex: Ventrikeldepolarisation
T-Welle: Ventrikelrepolarisation
QT-Intervall: Systolendauer

8. Nennen Sie mir bitte Beispiele für Herzrhythmusstörungen. Woran erkennen Sie diese im EKG?
Ventrikuläre Extrasystole:
– verbreiterter, deformierter QRS-Komplex,
– fällt frühzeitig ein.
AV-Block (1. Grades):
– verlängertes PQ-Intervall > 200 ms.
AV-Block (2. Grades):
– Typ 1 (Wenckebach): PQ-Intervalle werden zunehmend länger, bis ein QRS ausfällt.
– Typ 2 (Mobitz): Auf jede zweite oder dritte P-Welle folgt kein QRS-Komplex.
AV-Block (3.Grades):
– Die P-Wellen und der QRS-Komplex treten zeitlich unabhängig voneinander auf.
Kammerflimmern:
– „wellenförmiges" EKG, normale EKG-Struktur nicht mehr zu erkennen.

9. Welche EKG-Ableitungen kennen Sie und wie werden diese abgeleitet?
Einthoven-Ableitungen:
bipolare Ableitungen,
– Ableitung I zwischen rechtem und linkem Arm,
– Ableitung II zwischen rechtem Arm und linkem Bein,
– Ableitung III zwischen linkem Arm und linkem Bein.
Goldberger-Ableitungen:
unipolare Ableitungen,
– Ableitung aVR zum rechten Arm,
– Ableitung aVL zum linken Arm,
– Ableitung aVF zum linken Fuß.
Wilson-Ableitungen (V1-V6):
– unipolare Ableitungen von verschiedenen Punkten der Brustwand.

Pause

Erste Pause! Hier was zum Grinsen für Zwischendurch ...

Mehr Cartoons unter www.medi-learn.de/cartoons

1.3 Mechanik der Herzaktion

Mit jedem Herzschlag leistet der Ventrikel physikalische Arbeit. Diese Arbeit wird in einem speziellen Diagramm – dem Arbeitsdiagramm des Herzens – grafisch dargestellt. Die genaue Form des Arbeitsdiagramms ändert sich mit den äußeren Bedingungen; sie hängt z. B. von der präsystolischen Ventrikelfüllung oder von der Stimulation durch das vegetative Nervensystem ab.

1.3.1 Herzarbeit

Das pumpende Herz leistet zwei verschiedene Arten von Arbeit:
– die **Druck-Volumen-Arbeit** und
– die **Beschleunigungsarbeit**.

Die Druck-Volumen-Arbeit ist ein Maß für die Energie, die das Herz benötigt, um einen bestimmten Druck in den Herzkammern aufzubauen und ein Blutvolumen gegen den Strömungswiderstand auszuwerfen.
Die Beschleunigungsarbeit leistet das Herz, indem es das Blut nach dem Öffnen der Taschenklappen in die Aorta hinein beschleunigt.

> **Übrigens ...**
> Die Beschleunigungsarbeit macht beim gesunden Herzen nur 1 % der Herzarbeit aus, der Rest ist Druck-Volumen-Arbeit.

Die Druck-Volumen-Arbeit ergibt sich durch Multiplikation von Druck und Volumen: Baut z. B. der linke Ventrikel einen Druck von 100 mmHg (= 13,3 kPa) auf und wirft 70 ml (= 0,07 l = 0,07 · 10^{-3} m³) aus, so beträgt die Arbeit: 13,3 kPa · 0,07 · 10^{-3} m³ = 0,93 Nm oder ca. 1 Joule.

1.3.2 Arbeitsdiagramm des Herzens

Um die Druck-Volumen-Arbeit grafisch darzustellen, zeichnet man das **Arbeitsdiagramm des Herzens**. Dabei trägt man den intraventrikulären Druck auf der Y-Achse und das intraventrikuläre Volumen auf der X-Achse eines Koordinatensystems auf. Der zeitliche Ablauf der Herzaktion wird im folgenden Diagramm NICHT dargestellt, ein Diagramm umfasst immer eine ganze Herzaktion.

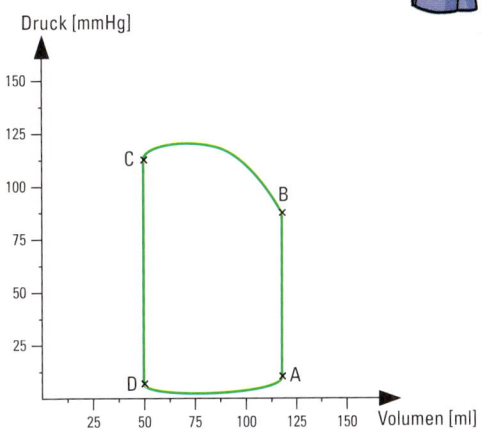

Abb. 19: Arbeitsdiagramm des linken Ventrikels

medi-learn.de/6-physio6-19

Um die Fragen im Physikum nach dem Arbeitsdiagramm des Herzens beantworten zu können, solltest du dir in jedem Fall gut einprägen, welcher Punkt im Arbeitsdiagramm für welchen Zeitpunkt der Herzaktion steht:

– **Punkt A** markiert das Ende der Diastole/den Beginn der Systole. Die Füllung des Herzens ist abgeschlossen und es hat noch keine Kontraktion des Ventrikels stattgefunden (der Druck ist noch niedrig). Dann erfolgt der Schluss der Segelklappen und der Ventrikel kontrahiert, d. h., dass der Druck sich erhöht. Diese isovolumetrische Kontraktion entspricht im Arbeitsdiagramm der Strecke von A nach B.
– An **Punkt B** kommt es zur Öffnung der Taschenklappen, sodass in der Auswurfphase (Strecke B nach C) das Volumen sinkt, der intraventrikuläre Druck aber weiter ansteigt.
– **Punkt C** markiert im Arbeitsdiagramm das Ende der Systole. Der Schluss der Taschenklappen leitet die isovolumetrische Ent-

spannungsphase (Strecke C nach D) ein: Das Volumen bleibt gleich, der Druck sinkt.
- An **Punkt D** öffnen sich die Segelklappen und die Füllungsphase beginnt, wobei Volumen und Druck im Ventrikel ansteigen.

Aus diesem Diagramm lassen sich mehrere Größen gut ermitteln:
1. Die Druck-Volumen-Arbeit, die der Fläche im Arbeitsdiagramm entspricht.
2. Das Schlagvolumen, das der Volumendifferenz zwischen Punkt B und C entspricht.
3. Der diastolische (Druck an Punkt B) und der systolische Blutdruck (Druck an Punkt C).
4. Das enddiastolische (Volumen an Punkt A) und endsystolische Volumen (Volumen an Punkt C).
5. Vorlast (enddiastolisches Volumen und der sich dabei einstellende Druck, Punkt A).
6. Die Nachlast (diastolischer Aortendruck, Punkt B).

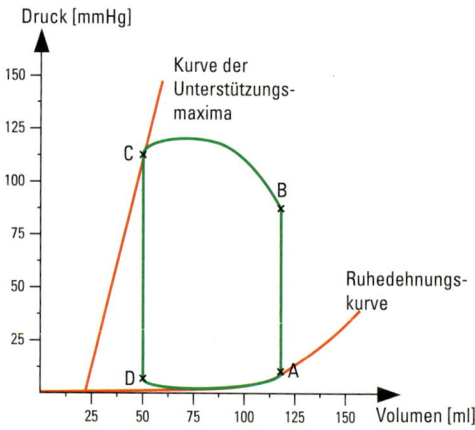

Abb. 21: Arbeitsdiagramm mit Kurve der Unterstützungsmaxima und Ruhedehnungskurve

medi-learn.de/6-physio6-21

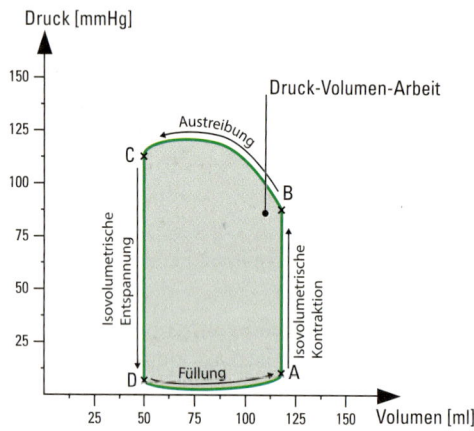

Abb. 20: Arbeitsdiagramm mit Druck-Volumen-Arbeit und Schlagvolumen

medi-learn.de/6-physio6-20

Um das Arbeitsdiagramm des Herzens zeichnen zu können, wurden experimentell zwei Kurven bestimmt, die sich ins Druck-Volumen-Diagramm einzeichnen lassen: Die Kurve der Unterstützungsmaxima (s. Skript Physiologie 5), auf der Punkt C liegt, und die Ruhedehnungskurve, auf der Punkt A liegt.

Durch die positiv inotrope Wirkung der sympathischen Stimulation wird die Kurve der Unterstützungsmaxima in Richtung höherer Druckwerte (bei gleichem Volumen) verschoben:

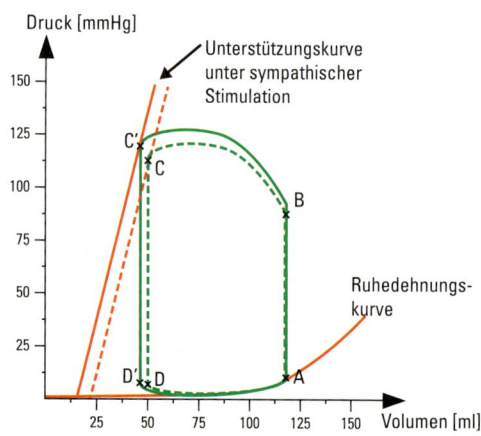

Abb. 22: Arbeitsdiagramm unter sympathischer Stimulation

medi-learn.de/6-physio6-22

Das Resultat der sympathischen Stimulation ist also ein erhöhtes ventrikuläres Schlagvolumen und damit auch eine erhöhte Ejektionsfraktion.

1.3.3 Vorlast und Nachlast

Unter der Vorlast versteht man das enddiastolische Volumen und der sich dabei einstellende Druck im Ventrikel (das Volumen an Punkt A des Arbeitsdiagramms). In Beinhochlage kommt es z. B. zu vermehrtem Blutrückstrom zum Herzen und damit zum Anstieg der Vorlast.

Unter der Nachlast versteht man den diastolischen Druck in der Aorta, gegen den der linke Ventrikel anpumpen muss (der Druck im Arbeitsdiagramm an Punkt B). Steigt die Nachlast z. B. durch periphere Vasokonstriktion an, wird das Schlagvolumen verringert und das endsystolische Volumen steigt.

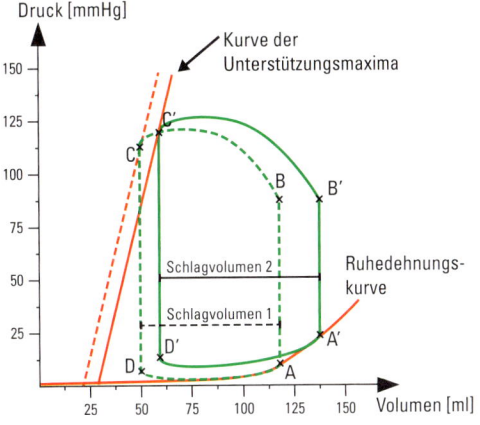

Abb. 24: Frank-Starling-Mechanismus

medi-learn.de/6-physio6-24

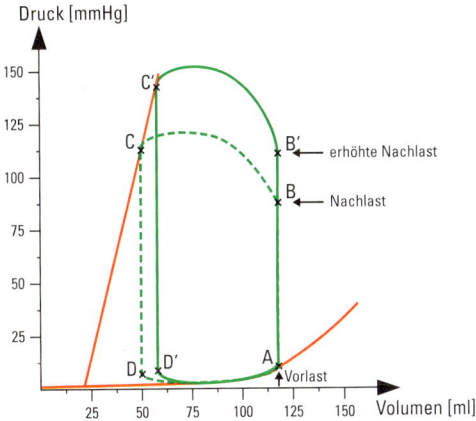

Abb. 23: Arbeitsdiagramm des linken Ventrikels mit erhöhter Nachlast

medi-learn.de/6-physio6-23

1.3.4 Frank-Starling-Mechanismus

Der Frank-Starling-Mechanismus beschreibt einen Kompensationsmechanismus des Herzens, mit dem es sich an ein enddiastolisch erhöhtes Volumen (an eine erhöhte Vorlast) anpasst. Dies geschieht dadurch, dass sich das Schlagvolumen des Herzens erhöht. Die stärkere Vordehnung der Muskelfasern ermöglicht dabei die Entwicklung einer stärkeren Spannung. Dieser Prozess lässt sich im Arbeitsdiagramm des Herzens darstellen:

Im Rahmen des Frank-Starling-Mechanismus erhöht sich die Druck-Volumen-Arbeit des Herzens (die vom Arbeitsdiagramm eingeschlossene Fläche ist größer als vorher).

Umgekehrt funktioniert der Frank-Starling-Mechanismus, wenn das enddiastolische Volumen abnimmt, also z. B. bei der Orthostase (dem Aufrichten von der waagrechten in die senkrechte Lage): Hier nimmt das Schlagvolumen entsprechend ab.

1.3.5 Herzinsuffizienz

Die Herzinsuffizienz ist ein häufiges Krankheitsbild, bei dem ein geschädigtes Herz nicht mehr adäquat auf die Anforderungen des Kreislaufs reagieren kann.

Da die Pumpleistung des Herzens sinkt, verringert sich die **Ejektionsfraktion** des Ventrikels (der Anteil des Schlagvolumens des Herzens am enddiastolischen Volumen). Außerdem nimmt auch die **Kreislaufzeit** zu (die Zeit, die das Blut benötigt, um vom Herzen in die Peripherie zu gelangen). Im venösen Schenkel des Kreislaufs kommt es dabei zum Anstau von Blut, sodass der zentrale Venendruck und das enddiastolische Ventrikelvolumen steigen.

1 Herz

Die Herzinsuffizienz kann symptomatisch mit Medikamenten therapiert werden, die die Inotropie steigern, wie z. B. Digitalis (s. 1.2.5, S. 15) oder das Plasmavolumen senken, wie z. B. Diuretika.

1.4 Herzinnervation

Die „Nerven des Herzens" gehören zum vegetativen Nervensystem. Dabei versorgen die sympathischen Herznerven sowohl Vorhöfe als auch Ventrikel, die parasympathischen nur die Vorhöfe.

Der Sympathikus wirkt über β_1-Rezeptoren
- **positiv chronotrop** (er erhöht die Herzfrequenz),
- **positiv dromotrop** (er erhöht die Überleitungsgeschwindigkeit vom Vorhof auf die Ventrikel),
- **positiv inotrop** (er erhöht die Kontraktionskraft des Herzens) und
- **positiv lusitrop** (er erhöht die Relaxationsgeschwindigkeit durch Aktivierung der Calcium-ATPase (SERCA), die Calcium zurück ins sarkoplasmatische Retikulum pumpt).

Die Wirkungen des Parasympathikus über mAch-Rezeptoren sind gegenteilig (muskarinische Acetylcholin)
- **negativ chronotrop** und
- **negativ dromotrop**.

> **Merke!**
>
> Der Parasympathikus hat KEINE direkte Wirkung auf die Kontraktionskraft, da er die Ventrikel nicht innerviert.

1.4.1 Sympathikus-Wirkungen

Die positiv chronotropen Effekte des Sympathikus resultieren aus seiner Wirkung über G-Protein-gekoppelte Rezeptoren auf den Sinusknoten: Die erhöhten cAMP-Konzentrationen bewirken, dass mehr HCN-Kanäle geöffnet sind. Dadurch strömen vermehrt Kationen ein, was die Steilheit der spontanen diastolischen Depolarisation erhöht und dazu führt, dass die Schwelle zur Auslösung eines Aktionspotenzials früher erreicht wird. Fazit: Die einzelnen Aktionspotenziale folgen schneller aufeinander und die Herzfrequenz steigt.

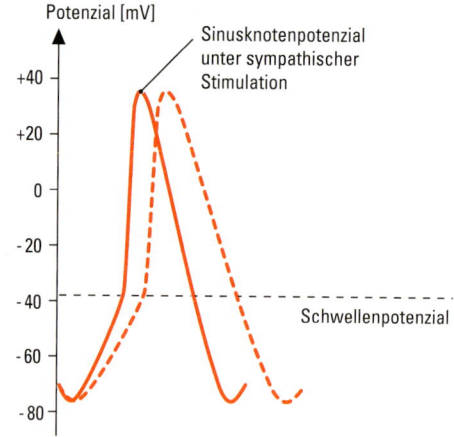

Abb. 25: Aktionspotenzial am Sinusknoten normal und unter Sympathikuseinfluss

medi-learn.de/6-physio6-25

Für die positiv dromotrope Wirkung greift der Sympathikus am AV-Knoten an. Die Verkürzung der Überleitungszeit zeigt sich im EKG als verkürzte PQ-Zeit.

Um die positiv inotrope Wirkung zu erzielen, greift der Sympathikus in den Calcium-Haushalt des Herzmuskels ein. Die β_1-Rezeptoren des Myokards sind G-Protein-gekoppelte Rezeptoren, die die Adenylatcyclase stimulieren und damit einen cAMP-Anstieg in den Zellen bewirken. Über den Second messenger cAMP und die Proteinkinase-A wird die Calcium-ATPase des sarkoplasmatischen Retikulums stimuliert, sodass die Calcium-Ionen schneller in die intrazellulären Speicher aufgenommen werden. Außerdem erhöht sich die Calcium-Leitfähigkeit der Zellmembran. Dies geschieht dadurch, dass mehr Kanäle während des Aktionspotenzials geöffnet sind, die Leitfähigkeit des einzelnen Kanals jedoch gleich bleibt. Beide Mechanismen tragen zum positiv inotropen Effekt bei.

1.4.2 Parasympathikus-Wirkungen

Durch die Erhöhung der Herzkraft wird auch der intraventrikuläre Druckanstieg zu Beginn der Systole beschleunigt.

> **Merke!**
>
> - Der Sympathikus wirkt positiv
>   - chronotrop,
>   - inotrop,
>   - lusitrop,
>   - dromotrop.
> - Die positiv inotrope Wirkung kommt dadurch zustande, dass die Calcium-Leitfähigkeit der Zellmembran zunimmt und die Calcium-Konzentration in seinen intrazellulären Speichern erhöht wird.
> - Phosphodiesterasen bauen cAMP ab. Ihre Hemmung führt zu ähnlichen Effekten wie eine Aktivierung des Sympathikus.

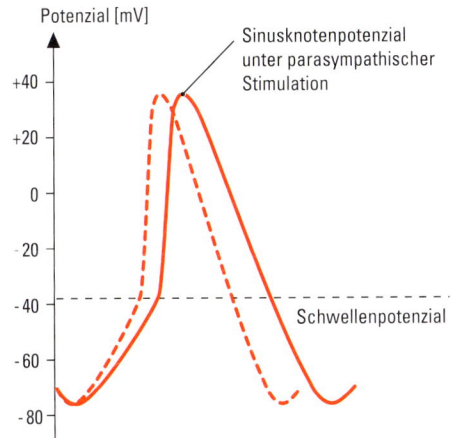

Abb. 26: Diastolische Depolarisation unter Parasympathikus-Wirkung

medi-learn.de/6-physio6-26

1.4.2 Parasympathikus-Wirkungen

Die mAch-Rezeptoren (muskarinische Acetylcholin) des Parasympathikus am Herzvorhof sind ebenfalls G-Protein-gekoppelte Rezeptoren. Sie bewirken – gegenteilig zum Sympathikus – eine Hemmung der Adenylatcyclase. Außerdem sorgen sie am Sinusknoten für eine Zunahme der Kalium-Permeabilität, was einen Kalium-Ausstrom als Gegenstrom zum langsamen Kationen-Einstrom bewirkt und damit die diastolische Depolarisation verlangsamt.

1.5 Koronardurchblutung

Die spezifische Durchblutung (die Durchblutung pro 100 g Organgewicht) beträgt für den Herzmuskel in Ruhe etwa 80 ml/min. Das entspricht etwa 5 % des Herzzeitvolumens.

Der Blutfluss in den Koronararterien ist stark von der Herzaktion abhängig. Da der hohe Druck in der Systole im Myokard (v. a. im linken Ventrikel) auch auf die Koronararterien wirkt, werden diese stark komprimiert. Dadurch werden besonders die inneren Myokardschichten während der Systole nicht durchblutet. Die **Durchblutung** des Myokards der **linken Herzkammer** findet vor allem in der **Diastole** statt, da dann der transmurale Druck (der Druck in der Herzwand) niedrig ist (s. Abb. 27, S. 26).

Die Sauerstoffausschöpfung des Blutes im Koronarkreislauf ist mit 60–70 % sehr hoch und deshalb kaum steigerbar. Bei körperlicher Anstrengung mit erhöhtem Sauerstoffbedarf des Herzens muss deshalb die Koronardurchblutung entsprechend gesteigert werden. Dies geschieht über eine Stimulation der β_2-Rezeptoren, was eine Vasodilatation bewirkt, wodurch die Durchblutung um den Faktor 4–5 gesteigert werden kann. Ein weiterer physiologischer Stimulus für die Vasodilatation ist Adenosin. Das Blut transportiert neben Sauerstoff die wichtigsten Energielieferanten des Herzmuskels: Fettsäuren, Ketonkörper, Laktat und Glucose.

> **Merke!**
>
> Die Durchblutung der linken Herzkammer findet v. a. in der Diastole statt. Sie kann bei Anstrengung um den Faktor 4–5 gesteigert werden (Koronarreserve).

1 Herz

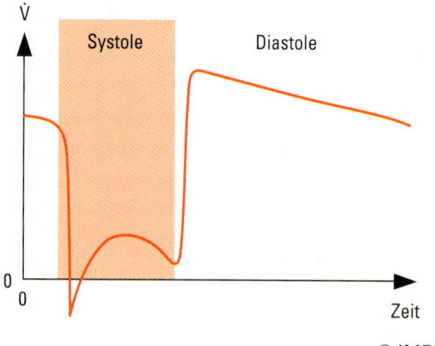

Abb. 27: Bluteinstrom in die A. coronaria sinistra während der Diastole

medi-learn.de/6-physio6-27

Myokardinfarkt

Bei einem Herzinfarkt (Myokardinfarkt) kommt es auf dem Boden einer Atherosklerose der Koronararterien zur Thrombose und dadurch zum Verschluss eines Gefäßes. Dies führt zu einer Unterversorgung des entsprechenden Bereichs am Herzmuskel. Dies führt zu einer Hypoxie (Sauerstoffmangel), welche die Herzmuskelzellen nur kurze Zeit überleben können (Energiegewinnung aus anaerober Glykolyse). Im EKG zeigt sich diese Ischämie oft als Hebung der ST-Strecke über dem entsprechenden Areal. Hält diese Unterversorgung längere Zeit an, nimmt das Muskelgewebe Schaden und eine Narbe bleibt zurück. Von den sterbenden Kardiomyozyten werden typische Proteine und Enzyme freigesetzt, die sich dann im Blutserum wiederfinden (z. B. Troponine, Creatin-Kinase-MB, ASAT, LDH). Es ist therapeutisch sinnvoll, zu versuchen, den Thrombus mechanisch durch Katheter und Stent oder durch die Gabe von Fibrinolytika wie Streptokinase oder tPA (tissue-Plasminogen-Activator) aufzulösen und so die Ischämiezeit zu verkürzen.

> **Übrigens ...**
> Klinisch berichten Herzinfarkt-Patienten oft von starken, in den linken Oberarm ausstrahlenden Schmerzen. Diese kommen durch Übertragung der kardialen Schmerz-Afferenzen auf Schmerzneurone des linken Arms

zustande. Diese Region entspricht der Head Zone des Herzens.

1.6 Pathophysiologie der Herzklappen

Grundsätzlich können alle Herzklappen stenotisch oder insuffizient sein.
- Bei einer Stenose ist die Klappenöffnung nicht mehr vollständig möglich, sodass der physiologische Blutfluss über die Klappe behindert ist und so ein Geräusch verursacht.
- Bei einer Insuffizienz ist der Klappenschluss nicht mehr vollständig möglich, sodass es zu einem unphysiologischen Blutrückstrom über die Klappe kommt.

Klappenfehler können klinisch oft als Herzgeräusche gehört werden. Dabei unterscheidet man zwischen systolischen und diastolischen Herzgeräuschen.

> **Merke!**
> Häufigster Klappenfehler, der auch im Physikum am häufigsten gefragt wird, ist die Aortenklappenstenose.

1.6.1 Aortenklappenstenose

Bei einer Aortenklappenstenose lässt sich ein systolisches Herzgeräusch mit Punctum maximum im 2. Interkostalraum (ICR) parasternal rechts hören, das typischerweise in die Carotiden ausstrahlt. Als Folge der Aortenklappenstenose muss der linke Ventrikel viel mehr Druck aufbringen, um das gleiche Blutvolumen in die Aorta zu befördern, was man als **erhöhte Druckbelastung** des linken Ventrikels bezeichnet.

1.6.2 Aortenklappeninsuffizienz

Anders sind die Verhältnisse bei einer Insuffizienz, also einem unzureichenden Schlussvermögen der Aortenklappe. Dabei fließt in der Diastole Blut aus der Aorta in den linken Ventrikel zurück und verursacht so ein Geräusch. Es kommt zu einer Volumenbelastung des Ventrikels und in der Folge auch des Vorhofs. Der Blutdruck unterliegt starken Schwankungen (sehr hoch in der Systole, sehr niedrig in der Diastole).

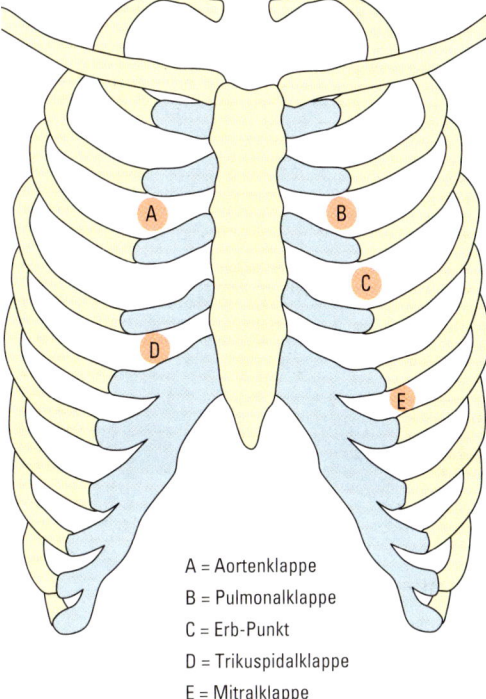

A = Aortenklappe
B = Pulmonalklappe
C = Erb-Punkt
D = Trikuspidalklappe
E = Mitralklappe

Abb. 28: Auskultationspunkte

medi-learn.de/6-physio6-28

Das Herz reagiert mit einer Erhöhung der Schlagfrequenz. Klinisch kann eine Aorteninsuffizienz anhand des typischen Pulses auffällig werden: Der Puls ist schnell und zeigt starke Druckschwankungen. Dieses Pulsphänomen nennt man auch „Wasserhammerpuls" oder „Pulsus celer et altus" (schnell und hoch). Außerdem tritt das typische diastolische Herzgeräusch im 2. ICR parasternal rechts auf.

1.6.3 Mitralklappenstenose

Bei der Mitralklappenstenose ist der Blut-Einstrom in den linken Ventrikel während der Diastole erschwert. Daher ist das enddiastolische Ventrikelvolumen verringert. Der Vorhof hypertrophiert und versucht so, die Stenose zu überwinden. In der Folge steigt der Druck im linken Vorhof und damit auch in den Lungenvenen an, die mit dem linken Vorhof verbunden sind.

1.6.4 Mitralklappeninsuffizienz

Bei der Mitralklappeninsuffizienz kommt es zum Blut-Rückstrom aus dem linken Ventrikel in den linken Vorhof während der Systole. Daraus resultiert zunächst eine Volumenbelastung des linken Vorhofs, die den Druck dort erhöht. Besteht die Mitralklappeninsuffizienz längere Zeit, dilatiert der linke Vorhof. Eine häufige Folge ist eine Herzrhythmusstörung der Vorhöfe, das Vorhofflimmern.

1.7 Pathophysiologie der Herzentwicklung

Häufige Herzfehlbildungen (Vitien) sind Löcher in der Herzscheidewand, wodurch es zu Kurzschlussverbindungen zwischen Lungen-

	Aortenklappe	Pulmonalklappe	Mitralklappe	Trikuspidalklappe
Stenose	systolisches Geräusch	systolisches Geräusch	diastolisches Geräusch	diastolisches Geräusch
Insuffizienz	diastolisches Geräusch	diastolisches Geräusch	systolisches Geräusch	systolisches Geräusch
Auskultationspunkte	2. ICR parasternal re. und Carotiden	2. ICR parasternal li.	5. ICR medioklavikulär li.	4. ICR parasternal re.

Tab. 4: Pathologische Herzgeräusche

1 Herz

und Körperkreislauf kommt. Bei einem Ventrikelseptumdefekt kommt es aufgrund des Druckunterschieds zwischen den Herzkammern zu einem kontinuierlichen Blutfluss vom linken in den rechten Ventrikel. Bei der Auskultation hört man ein systolisches Herzgeräusch.

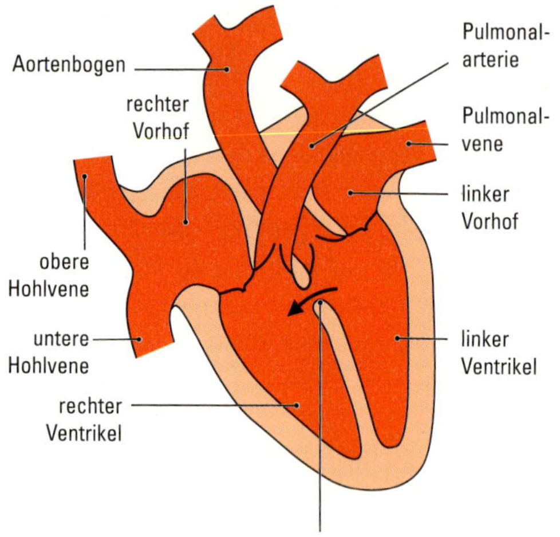

Diese Situation bezeichnet man als **Links-Rechts-Shunt**. Es resultiert eine **erhöhte Volumenbelastung,** also eine **erhöhte Vorlast** der **rechten** Herzkammer. Wird der Defekt nicht operativ verschlossen, kann dies zur dauerhaften Schädigung der rechten Herzkammer und der Lunge führen.

Abb. 29: Ventrikelseptumdefekt

medi-learn.de/6-physio6-29

DAS BRINGT PUNKTE

Das **Arbeitsdiagramm** des Herzens ist einer der größten Punktelieferanten in der schriftlichen Prüfung. Besonders häufig wurde dabei nach den Definitionen von Vorlast und Nachlast gefragt.
- Als Vorlast bezeichnet man das enddiastolische Volumen und den sich dabei einstellenden Druck im Ventrikel (Punkt A im Arbeitsdiagramm, 1.3.2, S. 21).
- Als Nachlast bezeichnet man den diastolischen Aortendruck (Punkt B im Arbeitsdiagramm, 1.3.2, S. 21).

Zur **Herzinnervation** solltest du dir besonders die folgenden Fakten gut einprägen:

- Der Sympathikus wirkt am Herzen über $β_1$-Rezeptoren positiv chronotrop, inotrop und dromotrop. Die positiv inotrope Wirkung kommt dabei über eine Erhöhung der Calcium-Leitfähigkeit der Myokardzellen zustande.
- Der Parasympathikus wirkt nur auf die Herzvorhöfe, nicht auf die Kammern. Er wirkt vor allem negativ chronotrop und negativ dromotrop.

Außerdem wurde besonders häufig nach der **Koronardurchblutung** gefragt:
- Die Durchblutung des linken Ventrikelmyokards findet primär während der Diastole statt.

FÜRS MÜNDLICHE

Nach der physiologischen Herzaktion folgt hier nun deren Mechanik. Das Arbeitsdiagramm sowie der Frank-Starling-Mechanismus sind sehr beliebte Themen in der mündlichen Prüfung. Beides solltest du daher sicher beherrschen und auch zeichnen können. Betrachte es einfach als kleine auflockernde Kunst-Einheit in deiner Lernphase. Nun folgen die Fragen der mündlichen Prüfungsprotokolle.

1. **Wie berechnen Sie die Druck-Volumen-Arbeit des Herzens?**

2. **Wie berechnen Sie die Beschleunigungsarbeit des Herzens?**

3. **Sagen Sie uns bitte, wie und wo der Parasympathikus auf das Herz wirkt?**

4. **Sie hören bei der Herzauskultation ein systolisches Herzgeräusch im 2. ICR rechts parasternal. Was ist die wahrscheinlichste Ursache?**

---

1. Wie berechnen Sie die Druck-Volumen-Arbeit des Herzens?
Arbeit = Druck · Volumen

2. Wie berechnen Sie die Beschleunigungsarbeit des Herzens?
Arbeit = 0,5 · Masse · (Geschwindigkeit)^2

3. Sagen Sie uns bitte, wie und wo der Parasympathikus auf das Herz wirkt?
Wirkung nur auf Herzvorhöfe, Sinusknoten und AV-Knoten. Negativ chronotrop und dromotrop. Keine direkte Wirkung auf die Inotropie.

FÜRS MÜNDLICHE

4. Sie hören bei der Herzauskultation ein systolisches Herzgeräusch im 2. ICR rechts parasternal. Was ist die wahrscheinlichste Ursache?
Ein systolisches Herzgeräusch lässt auf eine Stenose der Taschenklappen oder eine Insuffizienz der Segelklappen schließen. Die Lokalisation des Herzgeräusches lässt auf einen Schaden der Aortenklappe schließen, sodass man eine Stenose der Aortenklappe annehmen muss.

Mehr Cartoons unter www.medi-learn.de/cartoons

Pause

Päuschen gefällig?
Das hast du dir verdient!

2 Kreislauf

Fragen in den letzten 10 Examen: 39

Zwei hintereinander geschaltete Kreislaufsysteme stellen die Versorgung aller Organe mit Sauerstoff und Nährstoffen sicher.
- Der „große" Körperkreislauf transportiert sauerstoffreiches Blut vom linken Herzen in die Organe und sauerstoffarmes Blut zum rechten Herzen zurück.
- Aus dem rechten Herzen gelangt das sauerstoffarme Blut über den „kleinen" Lungenkreislauf in die Lunge, wo es wieder mit Sauerstoff gesättigt wird.

Physikalische Faktoren bestimmen in vieler Hinsicht, wie effektiv die Organe mit Blut versorgt werden können: Die Blutströmung hängt vom Blutdruck, den Eigenschaften der Gefäßwände sowie von den Eigenschaften des Blutes selbst ab. Die für die Kreislaufdiagnostik des arteriellen Systems wichtigsten klinischen Parameter sind der Blutdruck und der Puls. Beim Puls wird in der Physiologie zwischen Strom- und Druckpuls unterschieden. In Bezug auf den Blutdruck wird es in diesem Kapitel vor allem um die verschiedenen Mechanismen der Blutdruckregulation gehen. Auch im venösen System kann man Blutdruck und Puls messen. Hier ist besonders die charakteristische Pulskurve des venösen Systems für das Physikum relevant. In den Kapillaren finden schließlich die Austauschvorgänge zwischen Blut und Organen statt. Dieser Kreislaufanteil wird als **Mikrozirkulation** bezeichnet.

2.1 Funktionelle Einteilung des Gefäßsystems

Ganz grob kann man das Gefäßsystem des Körperkreislaufs in drei Abschnitte einteilen:
- das arterielle System,
- das venöse System,
- die Kapillaren.

In den Kapillaren findet der Stoff- und Flüssigkeitsaustausch zwischen dem Blut und den umliegenden Geweben statt. Das arterielle System ist den Kapillaren vorgeschaltet und dient dem Transport der Nährstoffe und des sauerstoffreichen Blutes zu den Organen. Das venöse System bringt dann das Blut aus den Organen zurück zum Herzen. Anhand der Funktion kann man die arterielle Strombahn unterteilen in die Aorta und großen Arterien einerseits sowie die kleinen Arterien und Arteriolen andererseits. Bei **Aorta und großen Arterien** steht deren **Windkesselfunktion** im Vordergrund: Während der Auswurfphase des Herzens werden die elastischen großen Arterien gedehnt, sodass sie schnell viel Volumen aufnehmen. In der Diastole ziehen sich die Gefäße wieder zusammen, sodass das Blut relativ kontinuierlich in die restliche Strombahn abgegeben wird. In diesem Bereich des Gefäßsystems ist die Strömungsgeschwindigkeit des Blutes am höchsten. Die **kleinen Arterien und Arteriolen** werden auch als **Widerstandsgefäße** zusammengefasst. Sie allein machen ca. 50 % des totalen peripheren Widerstands (TPR) aus. Deshalb ist hier auch der Blutdruckabfall besonders groß.

Der **mittlere** Blutdruck sinkt im arteriellen Gefäßbett kontinuierlich ab, da ständig ein gewisser Gefäßwiderstand überwunden werden muss. Die Blutdruckamplitude hingegen verhält sich etwas paradox: Sie ist in der Aorta noch etwas kleiner als in den Arterien, sodass sich das systolische Druckmaximum in den peripheren Arterien befindet. Im Bereich der Arteriolen fällt die Blutdruckamplitude dann aber schnell stark ab. Auch die Strömungsgeschwindigkeit verringert sich von den proximalen zu den distalen Gefäßen hin. Im Bereich der arteriellen Strombahn vergrößert sich der Gesamtquerschnitt der parallel geschalteten Gefäße mit zunehmender Entfernung vom

2 Kreislauf

Herzen. Die **Kapillaren** bieten insgesamt die größte Querschnittfläche im Gefäßsystem. Dies und die langsame Strömungsgeschwindigkeit des Bluts in diesem Bereich sind ideale Voraussetzungen für den Austausch von Nährstoffen, Sauerstoff und Flüssigkeit, der in diesem Bereich stattfindet.

In den **Venen** wird das Blut nach dem Stoffaustausch wieder gesammelt und dem Herzen zugeführt. Hier befindet sich – sozusagen als Reserve – ein großer Teil des Blutvolumens, der bei Bedarf mobilisiert werden kann. Deshalb werden die Venen auch als **Kapazitätsgefäße** bezeichnet.

> **Merke!**
> – Größte Strömungsgeschwindigkeit = Aorta
> – Größter Widerstand = terminale Arterien/Arteriolen
> – Größtes Blutvolumen = Venen

2.1.1 Druckverhältnisse in den Herz- und Kreislaufabschnitten

Bestimmte Zahlenwerte aus dem Niederdrucksystem solltest du kennen, da sie hin und wieder gefragt wurden:
- Als **zentralvenösen Druck** bezeichnet man den Druck im rechten Vorhof. Er beträgt im Mittel **3 mmHg**.
- Der Druck im linken Vorhof ist mit etwa 6 mmHg ein wenig höher.
- Der mittlere Druck in den **Lungenarterien** beträgt etwa **13 mmHg**, die Druckamplitude ist niedrig.

2.1.2 Totaler peripherer Widerstand

Als **totaler peripherer Widerstand** (TPR) wird der **Gesamtwiderstand des Körperkreislaufs** bezeichnet. Er lässt sich anhand des **Ohm-Gesetzes** aus dem Herzzeitvolumen und der Differenz zwischen dem mittleren aortalen Druck sowie dem zentralen Venendruck berechnen:

	große Arterien	kleine Arterien u. Arteriolen	Kapillaren	Venen
Strömungsgeschwindigkeit	18 cm/s		0,1 cm/s	6 cm/s
Widerstand (Anteil am TPR)		47 %		
gemeinsamer Gefäßquerschnitt			3500 cm^2	
mittlerer Blutdruck	100 mmHg		25 mmHg	2–4 mmHg

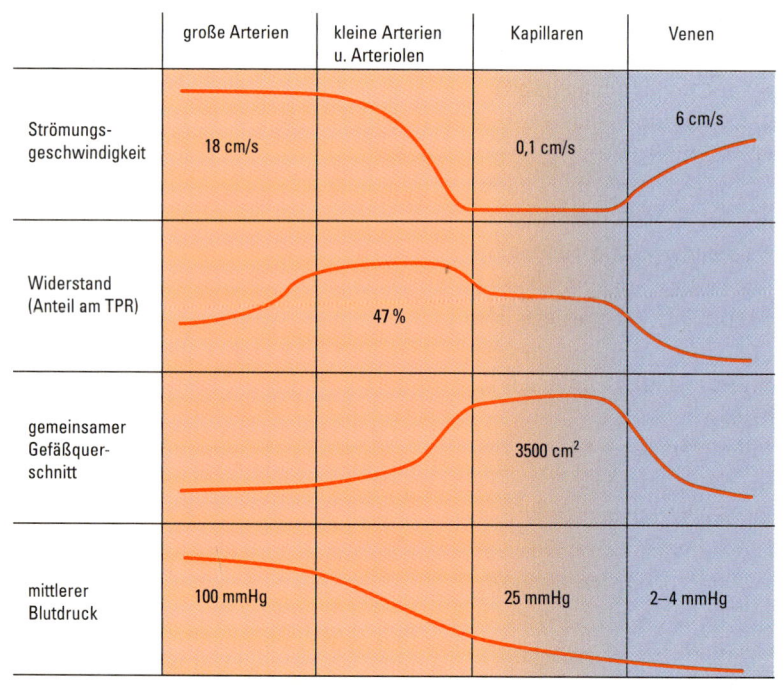

Abb. 30: Strömungsgeschwindigkeit, Widerstand, Gefäßquerschnitt und Blutdruck in den Abschnitten des Gefäßsystems

medi-learn.de/6-physio6-30

2.2 Physikalische Grundlagen

$$TPR = \frac{P_{art} - P_{ZVD}}{HZV}$$

$$= \frac{100\ mmHg - 3\ mmHg}{5\ l/min} \approx 20\ mmHg \cdot min/l$$

2.2 Physikalische Grundlagen

Zum Verständnis einiger, für den Kreislauf wichtiger Mechanismen musst du dich leider ein bisschen mit Physik beschäftigen. Besonders wichtig ist das Ohm-Gesetz, das die Beziehung zwischen Blutdruck, Stromstärke und Gefäßwiderstand definiert.
„Compliance" und „Wandspannung" beschreiben die auf die Gefäßwand wirkenden Kräfte. Anhand der Viskosität sowie der „Reynolds-Zahl" kann man auf die Fließeigenschaften des Blutes schließen.

2.2.1 Ohm-Gesetz

Das Ohm-Gesetz ist die wichtigste der hier aufgeführten Formeln und sollte von dir sowohl fürs Schriftliche als auch fürs Mündliche unbedingt beherrscht werden. Es ist dir vielleicht schon aus der Elektronik bekannt (s. Skript Physik). Dort lautet es $U = R \cdot I$, also Spannung = Widerstand · Strom.
Analog dazu wird es in der Gefäßphysiologie benutzt: $\Delta P = R \cdot \dot{V}$

P steht für den Druck. Das Δ zeigt an, dass eine Druckdifferenz benötigt wird, um die Formel sinnvoll zu verwenden, wie z. B. die Differenz zwischen dem aortalen und zentralvenösen Druck. **R** steht für den Gefäßwiderstand und $\dot{V}$ für den Blutfluss.
Bezieht man das Ohm-Gesetz auf das ganze Gefäßsystem, so ergibt sich die Gleichung, die wir schon zur Berechnung des totalen peripheren Widerstands benutzt haben.
Man kann den Widerstand eines Gefäßes anhand des **Gesetzes von Hagen-Poiseuille** berechnen (s. Skript Physik). Es ist vor allem für das Verständnis der Pathophysiologie wichtig zu wissen, dass sich der **Gefäßwiderstand umgekehrt proportional zur 4. Potenz des Gefäßradius verhält**. Das bedeutet: Vergleichsweise kleine Einengungen eines Gefäßes (z. B. durch arteriosklerotische Plaques) erhöhen den Gefäßwiderstand bereits sehr stark.

$$R = \frac{8 \cdot l \cdot \eta}{\pi \cdot r^4}$$

R = Widerstand, l = Länge des Gefäßes, η = Viskosität, r = Innenradius

2.2.2 Compliance

Die Compliance ist ein Maß für die Dehnbarkeit eines physikalischen Systems. Neben der Gefäßphysiologie ist sie auch wichtig für die Physiologie der Lunge (s. Skript Physiologie 4). Je leichter ein Gefäß dehnbar ist, desto weniger erhöht sich der Druck im Gefäß, wenn es ein bestimmtes Volumen aufnehmen muss. Die Formel für die Compliance lautet deshalb:

$$C = \frac{\Delta V}{\Delta P}$$

ΔV bezeichnet die Volumenzunahme innerhalb des Gefäßes und ΔP steht für die Druckzunahme.

Die Compliance des venösen Systems ist viel größer als die des arteriellen Systems. Wird dem Körper per Infusion Volumen zugeführt, nimmt das venöse System deshalb den größten Teil davon auf und nur ein kleiner Teil gelangt in die arterielle Strombahn.

> **Merke!**
> Der Kehrwert der Compliance wird als Volumen-Elastizitäts-Koeffizient bezeichnet.

2.2.3 Wandspannung

Der **transmurale Druck** ist der Druck über der Gefäßwand. Er ergibt sich aus dem Druckgefälle zwischen dem Gefäßinneren und dem umliegenden Gewebe:

2 Kreislauf

$$P_{Trans} = P_{innen} - P_{außen}$$

Durch den transmuralen Druck wird eine Spannung in der Gefäßwand erzeugt, die zusätzlich von der Dicke der Gefäßwand sowie dem Gefäßradius abhängt. Diese Beziehungen der Wandspannung werden im **Laplace-Gesetz** zusammengefasst:

$$T = \frac{P_{Trans} \cdot r_i}{2\,h}$$

T = Wandspannung
P_{Trans} = transmuraler Druck
r_i = Innenradius des Gefäßes
h = Gefäßwanddicke

Aus dieser Formel lässt sich auch ableiten, dass eine **Volumenreduktion** zur **Reduktion der Wandspannung** führt: Durch Reduktion des Volumens verringern sich der transmurale Druck und/oder der Innenradius des Gefäßes.

> **Übrigens …**
> Die Wandspannung ist im Bereich der Kapillaren am niedrigsten, da der Innendurchmesser sehr viel stärker als die Gefäßwanddicke abnimmt. Auch der transmurale Druck ist hier – aufgrund des niedrigen Blutdrucks – nur gering.

2.2.4 Viskosität: Fließeigenschaften des Blutes

Unter physiologischen Bedingungen gilt das Ohm-Gesetz nur näherungsweise für die Blutströmung im Körper. Dies liegt an der heterogenen Zusammensetzung der Flüssigkeit Blut. Vor allem die Blutzellen sorgen dafür, dass sich die Fließeigenschaften des Blutes abhängig von der Flussgeschwindigkeit ändern. Eine wichtige Größe, die dieses Verhalten beschreibt, ist die **Viskosität**, ein Maß für die Zähigkeit einer Flüssigkeit. Um das Ganze etwas anschaulicher zu machen, kann man die Fließeigenschaften von Honig und Wasser vergleichen: Der Honig hat eine deutlich höhere Viskosität. Ließe man den Honig durch ein Röhrensystem fließen, müsste man wesentlich mehr Druck aufwenden als wenn man Wasser befördern wollte. Der Honig hat also einen höheren Strömungswiderstand als das Wasser.

> **Merke!**
> Eine höhere Viskosität erhöht den Strömungswiderstand.

Die Viskosität des Blutes hängt vor allem vom Anteil roter Blutkörperchen ab: Viele rote Blutkörperchen erhöhen die Viskosität, wenige erniedrigen sie. Für die relative Viskosität des Blutes spielt in kleinen Gefäßen auch der Gefäßdurchmesser (s. Skript Physik) und der Fåhraeus-Lindqvist-Effekt eine wichtige Rolle. Als Fåhraeus-Lindqvist-Effekt wird die Abnahme der scheinbaren Viskosität des Blutes bei abnehmendem Durchmesser eines Gefäßes bezeichnet. In Kapillaren (ca. 8 µm Durchmesser) ist die scheinbare Viskosität am geringsten, da sich die Erythrozyten in der Mitte des Blutstroms bewegen (Axialmigration) und somit wenig Kontakt mit der Gefäßwand haben.

Für die Physikumsprüfung solltest du dir merken, dass ein Erythropoetinmangel die Viskosität des Blutes vermindert, weil Erythropoetin die Erythrozytenproduktion stimuliert.

2.2.5 Turbulente oder laminare Strömung?

Zum Abschluss der physikalischen Grundlagen solltest du dich noch kurz damit beschäftigen, wie die Blutströmung im Inneren der Gefäße aussieht. Das Blut bewegt sich nämlich im Gefäß mit unterschiedlicher Geschwindigkeit: Die äußeren Schichten werden durch Reibung mit der Gefäßwand gebremst, sodass in der Gefäßmitte die Flussgeschwindigkeit am höchsten ist.

2.2.6 Kontinuitätsgesetz und Kirchhoff-Gesetze

Diese Art der Blutströmung nennt man **laminare Strömung** (s. Abb. 31, S. 35 und Skript Physik). Sie kommt physiologisch fast überall im Gefäßsystem vor. Ausnahmen bilden lediglich die Aorta sowie die A. pulmonalis. In diesen großen Gefäßen kommt es zur Verwirbelung der Blutströmung, sodass hier eine **turbulente Strömung** entsteht. Sie wird begünstigt durch **große Gefäße, schnelle Strömungsgeschwindigkeit, Verzweigungen** und **niedrige Viskosität**.

> **Merke!**
>
> Verwechsele dies bitte nicht mit der Strömungsgeschwindigkeit: Diese ist in der Aorta am höchsten und in den Kapillaren am niedrigsten. Dafür ist die Gesamtquerschnittsfläche der Kapillaren aber auch viel größer als die der Aorta. Strömungsgeschwindigkeit · Gesamtquerschnittsfläche = konstant (Kontinuitätsgesetz)

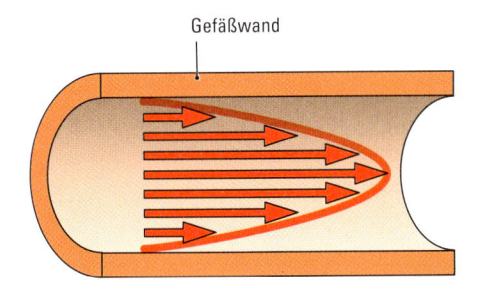

Abb. 31: Laminare Blutströmung

medi-learn.de/6-physio6-31

Reynold-Zahl

Mit der Reynold-Zahl kann man abschätzen, ob in einem Gefäß eine turbulente oder laminare Strömung herrscht. Sie wird anhand einer Formel berechnet, in die Gefäßradius und Strömungsgeschwindigkeit sowie Viskosität eingehen, die du aber nicht kennen musst. Hat die Reynold-Zahl einen Wert, der größer als 2000 ist, so ist die Strömung turbulent.

2.2.6 Kontinuitätsgesetz und Kirchhoff-Gesetze

Die Volumenstromstärke (Blutvolumen pro Zeit) ist in allen Kreislaufabschnitten gleich hoch (Kontinuitätsgesetz), da sich ansonsten das Blut irgendwo anstauen würde.

Daneben solltest du dir zum Physikum noch mal die Kirchhoff-Gesetze aus der Physik anschauen. Diese sagen u. a., dass sich in parallel verschalteten Organen die Kehrwerte der Einzelwiderstände addieren. Dazu stellst du dir am besten mehrere Rohre vor, die nebeneinander liegen und gleichzeitig durchströmt werden. Werden zwei identische Rohre durchströmt, ist der Gesamtströmungswiderstand nur halb so groß, als er es bei nur einer Röhre wäre.

2.3 Arterielles System

Die wichtigsten, einfach zu messenden Parameter der Herzfunktion werden im arteriellen System bestimmt: Puls und Blutdruck.
Der von außen z. B. am Handgelenk tastbare Puls ist der fast herzschlagsynchrone Druckpuls. Davon zu unterscheiden ist der Strompuls, der die Strömungsgeschwindigkeit des Blutes im Zeitverlauf wiedergibt.

2.3.1 Druckpuls und Strompuls

Die Höhe des Druckpulses nimmt zur Peripherie hin zu. Dies ist auf die Reflexion der Druckpulswelle an den Gefäßwänden zurückzuführen. Dabei treffen sich die eigentliche Pulswelle und die reflektierten Wellen, wodurch sich deren Druckamplituden addieren. Dieses Phänomen bezeichnet man auch als Überhöhung der Blutdruckwelle.

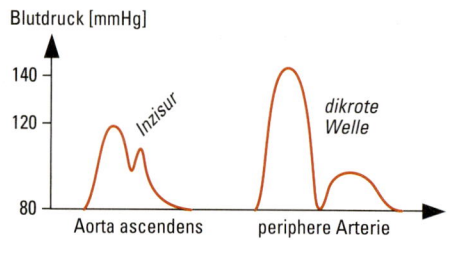

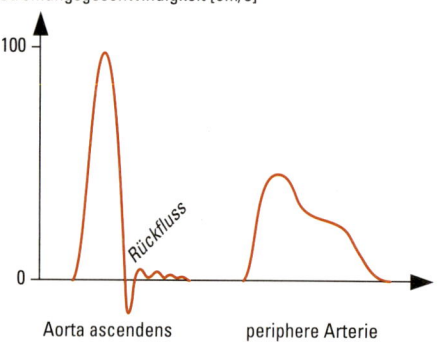

2 Kreislauf

Abb. 32: Druck- und Strompuls in Aorta und peripherer Arterie *medi-learn.de/6-physio6-32*

Ähnlich erklärt sich auch das Auftreten einer zweiten Druckpulswelle, der **dikroten Welle**, in den peripheren Arterien. Hier werden reguläre Druckpulswellen von den Gefäßwänden reflektiert und zurück zum Herzen geleitet. Dort werden sie noch einmal – diesmal von der Aortenklappe – reflektiert und kommen daher nach der eigentlichen Druckpulswelle und wesentlich schwächer in der Peripherie an.

Im Druckpuls der Aorta fällt kurz hinter dem Pulsmaximum die **Inzisur** des Druckpulses auf (s. Abb. 32, S. 36, oberer Teil). Diese Inzisur entsteht durch den **Schluss der Aortenklappe** am Ende der Systole, der kurzfristig den intraaortalen Druck verringert.

Der Strompuls, der die Strömungsgeschwindigkeit des Blutes repräsentiert, **nimmt zur Peripherie hin ab**. Die Strompulskurve zeigt einen kurzen negativen Fluss, der durch den geringen Blutrückstrom aus der Aorta in das Herz direkt vor dem Schluss der Aortenklappe zustande kommt (s. Abb. 32, S. 36, unterer Teil).

Pulswellengeschwindigkeit

Die Pulswellengeschwindigkeit ist die Geschwindigkeit der Druckpulskurve. Sie misst, wie schnell sich das Druckpulsmaximum über die Gefäße ausbreitet und ist wesentlich höher als die Strömungsgeschwindigkeit des Blutes. Um dieses Phänomen etwas anschaulicher zu machen, kannst du dir folgendes vorstellen: Die Druckpulskurve nutzt das Blut und die Gefäßwand als Medium, um sich auszubreiten, so wie der Schall die Luft. So wie die Schallgeschwindigkeit nichts mit der Strömungsgeschwindigkeit der Luft (dem Wind) zu tun hat, sondern wesentlich höher ist, so hat auch die Pulswellengeschwindigkeit nichts mit der Strömungsgeschwindigkeit des Blutes zu tun, sondern ist wesentlich höher. In der Aorta und den herznahen großen Gefäßen beträgt die Pulswellengeschwindigkeit (PWG) ca. **5 m/s**. Entsprechend dieser Ausbreitungsgeschwindigkeit wird der Puls in der A. carotis und der A. radialis verzögert registriert.

Form und Zustand der Gefäße können allerdings die Pulswellengeschwindigkeit beeinflussen: So steigt die Pulswellengeschwindigkeit bei

- abnehmendem Gefäßradius (in der Peripherie und bei Arteriosklerose),
- wenig elastischen Gefäßen (z. B. bei Atherosklerose) und
- zunehmendem Blutdruck.

> **Merke!**
> - Die Pulswellengeschwindigkeit ist die Geschwindigkeit, mit der sich der Druckpuls in den Gefäßen fortbewegt.
> - Sie ist größer als die Strömungsgeschwindigkeit des Blutes.
> - Sie nimmt in den peripheren Arterien zu, genauso wie die Höhe des Druckpulses.

2.3.2 Windkesselfunktion der Aorta

Die herznahen Gefäße und v. a. die Aorta erfüllen eine **Windkesselfunktion**: Während der Auswurfphase des Herzens werden die elastischen großen Arterien gedehnt, sodass sie erst einmal schnell viel Volumen aufnehmen. In der Diastole ziehen sich die Gefäße wieder zusammen, sodass das Blut relativ kontinuierlich in die restliche Strombahn abgegeben wird. Dies ist nur aufgrund der hohen Elastizität dieser Arterien möglich, die durch die vielen elastischen Fasern in der Gefäßwand zustande kommt.

2.3.3 Blutdruckregulation

Die Regulation des Blutdrucks ist eines der am häufigsten geprüften Themen im schriftlichen Teil des Examens. Das insgesamt sehr komplexe System lässt sich am besten unterteilen in die
- hormonale Blutdruckregulation,
- neuronale Blutdruckregulation,
- lokale Blutdruckregulation.

Generell kann eine Änderung des Blutdrucks über drei verschiedene Angriffspunkte erreicht werden:
1. Eine Erhöhung des Schlagvolumens des Herzens (z. B. durch die positiv inotrope Wirkung des Sympathikus) erhöht den systolischen Blutdruckwert und damit auch die Blutdruckamplitude.
2. Eine Erhöhung des Plasmavolumens kann das Herzzeitvolumen und damit den Blutdruck erhöhen.
3. Eine arterielle Vasokonstriktion (durch den Sympathikus) erhöht den totalen peripheren Widerstand (TPR) und damit v. a. den diastolischen Blutdruckwert.

Hormonale Blutdruckregulation

An der hormonalen Blutdruckregulation sind Hormone aus der Niere, der Nebennierenrinde, dem Nebennierenmark, der Neurohypophyse sowie dem Herzvorhof beteiligt.

In der **Niere** wird bei Blutdruckabfall vermehrt Renin freigesetzt. Renin spaltet Angiotensinogen zu Angiotensin I. Angiotensin I wird durch das Angiotensin-Converting-Enzym (ACE) zu Angiotensin II umgesetzt, das vasokonstriktorisch wirkt. Außerdem bewirkt Angiotensin II die Freisetzung von Aldosteron in der Nebennierenrinde, das die Natrium- und Wasserresorption in der Niere stimuliert und so über eine Erhöhung des intravaskulären Volumens den Blutdruck erhöht.

Im **Nebennierenmark** wird das Katecholamin Adrenalin produziert, das über β_1-Rezeptoren die Herzkraft steigert und über α_1-Rezeptoren vasokonstriktorisch wirkt, also den totalen peripheren Widerstand erhöht.

> **Übrigens ...**
> Zu extremem Bluthochdruck kommt es bei einem Katecholamin-produzierenden Tumor des Nebennierenmarks – dem **Phäochromozytom** – durch eine Überstimulation der α_1-Rezeptoren. Symptomatisch kann man das Phäochromozytom deshalb mit α_1-Blockern therapieren.

In der **Neurohypophyse** wird das **antidiuretische Hormon (ADH)** freigesetzt. ADH – das auch als Vasopressin bezeichnet wird – erhöht die Wasserrückresorption in der Niere und damit auch das Plasmavolumen. Außerdem bewirkt es eine Kontraktion der glatten Gefäßmuskulatur. Dies sind Effekte, die den Blutdruck steigern.

In den **Herzvorhöfen** wird das Hormon **atrialer natriuretischer Faktor (ANF)** – auch **ANP** oder **Atriopeptin** genannt – produziert. ANF wird bei starker Dehnung des Vorhofs (d. h. der zentralvenöse Druck ZVD ist erhöht) freigesetzt, was auf eine Erhöhung des Plasmavolumens schließen lässt. Es fördert die Ausscheidung von Wasser und Natrium über die Nieren und reduziert so das Plasmavolumen, wirkt also blutdrucksenkend.

2 Kreislauf

Neuronale Blutdruckregulation

Die neuronale Blutdruckregulation wird über das Kreislaufzentrum in der Medulla oblongata gesteuert. Dort wird der Blutdruck hauptsächlich über den Sympathikotonus eingestellt: Ein hoher Sympathikotonus steigert die Herzkraft und -frequenz und bewirkt eine periphere Vasokonstriktion, sodass der Blutdruck deutlich ansteigt. Soll der Blutdruck gesenkt werden, wird der Sympathikus gehemmt. Dies ist die einzige Möglichkeit, über das vegetative Nervensystem eine Vasodilatation zu erreichen, da die Gefäßmuskulatur nicht parasympathisch innerviert ist.
Gleichzeitig wird auch der N. vagus aktiviert, was die Herzfrequenz senkt.
Das Kreislaufzentrum der Medulla oblongata erhält Informationen über den Blutdruck aus den Arterien. In den Gefäßwänden der A. carotis sowie der Aorta liegen die **Pressorezeptoren**, die Druckänderungen im Gefäßinneren messen und diese Information an das Kreislaufzentrum weitergeben. Eine Aktivierung der Pressorezeptoren (und damit eine Steigerung deren Impulsfrequenz) durch Blutdrucksteigerung führt im Kreislaufzentrum zur Hemmung des Sympathikus und gleichzeitig zur Stimulation des Parasympathikus. Umgekehrt wird bei Blutdruckabfall über eine Hemmung der Pressorezeptoren (und damit eine Senkung deren Impulsfrequenz) der Sympathikus aktiviert und der Parasympathikus gehemmt.
Ähnliche Rezeptoren, nämlich die Typ-B-Dehnungsrezeptoren, befinden sich im rechten Herzvorhof. Sie werden bei vermehrtem Volumen des Herzens aktiviert, also bei gesteigertem Plasmavolumen. Eine Aktivierung der Dehnungsrezeptoren hemmt die Sympathikusaktivität, eine Hemmung der Dehnungsrezeptoren erhöht die Sympathikusaktivität.
Welche Bedeutung die Pressorezeptoren für die Blutdruckregulation haben, zeigt sich, wenn man diese experimentell ausschaltet.

Unter physiologischen Bedingungen wirken die Pressorezeptoren v. a. kurzfristigen Blutdruckschwankungen entgegen. Fallen sie aus, werden die Blutdruckschwankungen im Körper größer. Das zeigt die folgende Grafik:

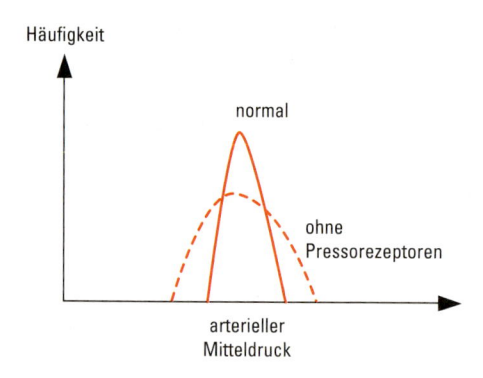

Abb. 33: Blutdruck *medi-learn.de/6-physio6-33*

Die durchgezogene Linie zeigt die Blutdruckverhältnisse bei intakten Pressorezeptoren, die gestrichelte bei Ausfall der Pressorezeptoren. Dabei sind die Blutdruckwerte deutlich weiter gestreut.

> **Übrigens ...**
> Die Pressorezeptoren (Barorezeptoren) melden vor allem die Änderung des Blutdrucks und weniger seine absolute Höhe an das Kreislaufzentrum. Dies bezeichnet man als Proportional-Differenzial-Eigenschaft von Rezeptoren.

Lokale Blutdruckregulation

Die lokale Blutdruckregulation dient der Aufrechterhaltung eines konstanten Blutflusses, auch bei stark schwankenden systemischen Blutdrücken. Besonders wichtig ist eine konstante Durchblutung für Gehirn und Nieren, weshalb der folgende Regulationsmechanismus dort besonders ausgeprägt zu finden ist: Wird durch einen erhöhten systemischen Blutdruck die Muskelschicht der Arteriolen

2.3.3 Blutdruckregulation

gedehnt, reagiert diese mit einer erhöhten Öffnungswahrscheinlichkeit der L-Typ-Calcium-Kanäle in den Muskelzellen. In der Folge kommt es zu einer Kontraktion, wodurch der Blutfluss wieder gedrosselt wird. Diese Art der lokalen mechanischen Blutdruckregulation wird **Bayliss-Effekt** genannt. Der Bayliss-Effekt kommt nicht in allen Organen vor, in Haut und Lunge hat er z. B. keine Bedeutung. Neben dieser mechanischen lokalen Reaktion beeinflussen auch lokale Botenstoffe den Gefäßmuskeltonus. Diese Stoffe und ihre Wirkung solltest du dir unbedingt gut einprägen, da sich damit bei wenig Aufwand sichere Punkte machen lassen.

Der **wichtigste** körpereigene **Vasodilatator** ist das freie Radikal **Stickstoffmonoxid** (NO). NO wird in den Endothelzellen enzymatisch durch die endotheliale NO-Synthase aus Arginin abgespalten und ist trotz seiner extrem kurzen Halbwertszeit (im Bereich von Sekunden) ein wichtiger Vasodilatator. NO bewirkt dabei über eine Aktivierung der zytosolischen Guanylatcyclase eine Zunahme des Second messengers cGMP in den glatten Gefäßmuskelzellen. Auch **Prostaglandine und Prostacycline** werden vom Endothel gebildet und wirken **vasodilatatorisch**. Das **Endothelin-1** wird ebenfalls von Endothelzellen gebildet, wirkt allerdings **vasokonstriktorisch**.

Ein weiterer **Vasokonstriktor** ist das **Thromboxan A$_2$**, das du vielleicht schon von der Blutgerinnung kennst. Thromboxan wird von aktivierten Thrombozyten ausgeschüttet und sorgt durch die Vasokonstriktion für eine Stase, was den Ablauf der Blutgerinnung begünstigt.

In der folgenden Tabelle sind die wichtigsten metabolischen Einflussfaktoren auf die lokale Blutdruckregulation noch einmal zusammengefasst:

vasodilatierend	vasokonstriktorisch
NO, K$^+$-Ionen, H$^+$-Ionen, pCO$_2$ ↑, pO$_2$↓, Prostaglandine, Prostacycline, Adenosin, Histamin, Bradykinin	Endothelin, Thromboxan A$_2$, pCO$_2$↓, Angiotensin II

Tab. 5: Metabolische Einflüsse auf die lokale Blutdruckregulation

Blutdruckmessung nach Riva-Rocci

Bei der Blutdruckmessung nach Riva-Rocci, die als gängige, nichtinvasive Messmethode in allen Krankenhäusern und Praxen angewendet wird, wird eine Manschette um den Oberarm des Patienten gelegt und diese mit Luft auf einen hohen Druck aufgepumpt. Gleichzeitig legt der Untersucher sein Stethoskop auf die Armarterie. Dann wird der Druck langsam aus der Manschette abgelassen. Sobald der systolische Druck in der Manschette unterschritten wird, kommt es pulssynchron zum turbulenzartigen Blutfluss, was das **Korotkow-Geräusch** verursacht. Sobald der Manschettendruck so niedrig ist, dass Blut in Systole und Diastole turbulenzfrei fließen kann, verschwinden die Korotkow-Geräusche. Die Manschettendrücke, zwischen denen die Geräusche zu hören sind, sind der systolische und der diastolische Blutdruck.
Da diese Messmethode von der Lage des Armes abhängt, ist es wichtig, dass sich die Manschette ungefähr auf Herzhöhe befindet. Wird der Arm vom Patienten angehoben, misst man einen „falsch niedrigen" Blutdruck.

Klinischer Exkurs: arterieller Hypertonus

Bluthochdruck (arterieller Hypertonus) ist eine weit verbreitete Krankheit, die immer noch oft unerkannt bleibt oder in ihren Auswirkungen unterschätzt wird. Von Hypertonie spricht man bereits ab Drücken von 140/90. Da Bluthochdruck einer der wichtigsten Risikofaktoren für schwerwiegende Herzkreislauferkrankungen ist, muss er unbedingt sorgfältig therapiert

2 Kreislauf

werden. Allerdings lässt sich nur selten eine Ursache für den Bluthochdruck finden.

Eine mögliche, aber seltene Ursache für Bluthochdruck ist die Nierenarterienstenose, die zu einer Mangeldurchblutung der Niere führt. Dadurch wird von der Niere vermehrt Renin ins Plasma gegeben, was letztlich zur gesteigerten Aldosteronausschüttung und damit auch zur vermehrten Wasserrückresorption in der Niere führt. Diese Form des Bluthochdrucks nennt man **renovaskulären Bluthochdruck**.

Als medikamentöse Therapie bieten sich an:
- Diuretika, um das Volumen und damit die Herzfüllung zu reduzieren,
- β_1-Adrenorezeptoren-Blocker, um die Herzkraft zu senken,
- Calcium-Kanal-Hemmer, um die Vasokonstriktion zu vermindern sowie
- ACE-Hemmer, um Vasokonstriktion und Aldosteronfreisetzung durch Angiotensin-II zu reduzieren.

2.3.4 Hydrostatischer Indifferenzpunkt

Der Druck – sowohl im arteriellen als auch im venösen System – hängt nicht nur von körpereigenen Faktoren wie Blutvolumen, Herzzeitvolumen und totalem peripheren Widerstand ab, sondern auch von einem äußeren Faktor: der Körperlage.

Beim stehenden Menschen werden die unteren Abschnitte des Gefäßsystems zusätzlich durch den **hydrostatischen Druck** (den Wasserdruck) der Blutsäule des Körpers belastet, während die oberen Anteile des Gefäßsystems entsprechend entlastet werden. Der Blutdruck ist daher im Stehen in den Füßen deutlich höher als im Bereich des Thorax.

> **Merke!**
>
> Der Druck in den Venen des Kopfes ist sogar negativ (subatmosphärisch).

1 cm Höhenunterschied bewirkt folgenden Druckunterschied: 1 cm H$_2$O = ca. 100 Pa = ca. 0,7 mmHg. D. h., dass beim stehenden Menschen der Druck in den Unterschenkeln um ca. 70 mmHg höher ist als im Bauchbereich (100 cm Differenz = ca. 70 mmHg).

Im Liegen ist der hydrostatische Druck vernachlässigbar gering, sodass man eigentlich von gleichmäßig verteilten Drücken im Gefäßsystem ausgehen kann.

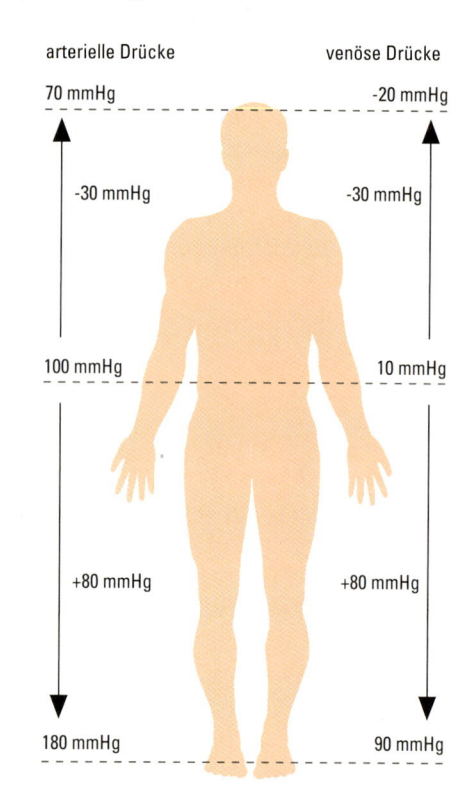

Abb. 34: Arterielle und venöse Drücke beim stehenden Menschen

medi-learn.de/6-physio6-34

Hydrostatische Indifferenzebene

Als hydrostatische Indifferenzebene wird die Ebene definiert, in der der Druck im Stehen der gleiche ist wie im Liegen. Die hydrostatische Indifferenzebene liegt meist etwas unterhalb des Zwerchfells. Unterhalb der hydrostatischen Indifferenzebene steigt der Druck beim Aufstehen an, oberhalb sinkt er ab.

2.3.5 Orthostase

> **Merke!**
>
> Der venöse Druck ist an der hydrostatischen Indifferenzebene NICHT gleich Null.

2.3.5 Orthostase

Nach den Kreislaufverhältnissen und Regulationsmechanismen bei Orthostase wird häufig im Physikum gefragt. Beim schnellen Übergang vom Liegen zum Stehen versacken durch die geänderten Druckverhältnisse ca. 500 ml Blut in den Beinvenen. Dadurch verringert sich der venöse Rückstrom zum Herzen und als Folge auch das Schlagvolumen des Herzens. Es kommt zu einem raschen Blutdruckabfall. Die arteriellen Pressorezeptoren reagieren darauf besonders stark, da sie über der hydrostatischen Indifferenzebene liegen und dort der Blutdruck durch zwei verschiedene Mechanismen abfällt: direkt durch die Lageänderung und indirekt durch die Verringerung des Herzzeitvolumens. Über den Pressorezeptorreflex wird der Sympathikus aktiviert, was die Herzfrequenz steigert und zur Vasokonstriktion führt. Dabei wird auch die Nierendurchblutung etwas reduziert. Da sich auch in den Beinvenen α_1-Rezeptoren befinden, reagieren auch sie auf die Erhöhung des Sympathikotonus mit Vasokonstriktion, was den venösen Rückstrom zum Herzen wieder erhöht. So kann der Abfall des Blutdrucks gut kompensiert werden.

Allerdings funktioniert bei manchen Menschen die orthostatische Reaktion nicht so ideal, wie hier geschildert; sie leiden unter einer **orthostatischen Dysregulation**. Bei diesen Personen kann es durch schnelles Aufstehen zur Unterversorgung des Gehirns und damit im Extremfall zu kurzzeitiger Bewusstlosigkeit (Synkope) kommen. Erleiden die Betroffenen dadurch einen orthostatischen Kollaps (sie fallen um), so behebt dieses Ereignis auch gleich die Ursache des Problems, da sich im Liegen die Kreislaufverhältnisse sofort wieder normalisieren.

> **Übrigens ...**
>
> Durch die stark unphysiologische Situation beim orthostatischen Kollaps versackt ein viel größeres Blutvolumen in den Beinen, sodass dabei Druck und Volumen auch am eigentlichen orthostatischen Indifferenzpunkt absinken können.

> **Merke!**
>
> Beim Übergang vom Liegen zum Stehen nimmt das Schlagvolumen ab (ca. 40 %), und als Reaktion darauf steigt die Herzfrequenz an (ca. 30 %).

2.3.6 Pathophysiologie: Schock

Als Schock bezeichnet man einen lebensbedrohlichen Zustand, bei dem die Blutzirkulation in den Kapillaren stark vermindert ist und damit die Versorgung wichtiger Organe reduziert wird.

Ursache eines Schocks kann ein Volumenmangel (z. B. durch hohe Blutverluste = hämorrhagischer Schock) sein. Dadurch kommt es zu einer starken Stimulation des Sympathikus (Pressorezeptorreflex) mit Steigerung der Herzfrequenz und peripherer Vasokonstriktion. Da die Gefäße der lebenswichtigen Organe, wie z. B. des Gehirns und des Herzens, kaum mit α_1-Adrenozeptoren ausgestattet sind, wird das Blut aus der Peripherie (v. a. aus Haut, Leber und Magen-Darmtrakt) in die lebenswichtigen Organe verlagert. Diesen Vorgang nennt man **Zentralisation**. Gleichzeitig werden alle Mechanismen stimuliert, die das Plasmavolumen erhöhen: das Renin-Angiotensin-Aldosteron-System und die Freisetzung des antidiuretischen Hormons. Die Ausschüttung des atrialen natriuretischen Faktors dagegen verringert sich. Auch Herzversagen (kardiogener Schock) und allergische Reaktionen (anaphylaktischer Schock) können die Schocksymptomatik hervorrufen.

DAS BRINGT PUNKTE

Zur funktionellen Einteilung des **Gefäßsystems** solltest du dir die folgenden Eckpunkte gut einprägen:
- Die größte Strömungsgeschwindigkeit hat das Blut in der Aorta.
- Der größte Widerstand des Gefäßsystems herrscht in den terminalen Arterien und Arteriolen.
- In den Venen befindet sich der größte Teil des Blutvolumens.

Auch aus dem Bereich der **Physik** gibt es einige Dinge, die du dir unbedingt merken solltest. Besonders wichtig ist hier
- das Ohm-Gesetz: $\Delta P = R \cdot V$ (also Druck = Widerstand mal Stromstärke), dessen Formel du auch anwenden können solltest,
- der Einfluss der Viskosität auf den Strömungswiderstand (bei höherer Blutviskosität steigt auch der Strömungswiderstand).
- dass die Pulswellengeschwindigkeit
  - die Geschwindigkeit ist, mit der sich der Druckpuls in den Gefäßen fortbewegt.
  - größer als die Strömungsgeschwindigkeit des Blutes ist.
  - in den peripheren Arterien zunimmt, genauso wie die Höhe des Druckpulses.

Zu guter Letzt sind auch einige Mechanismen der **Blutdruckregulation** besonders wichtig:
- Die arteriellen Pressorezeptoren melden Änderungen des Blutdrucks an das Kreislaufzentrum. Bei Blutdruckabfall (z. B. bei Orthostase) wird der Sympathikus stimuliert, bei Blutdruckanstieg sinkt der Sympathikotonus.
- Vasodilatatoren sind NO (Stickstoffmonoxid), Prostaglandine und Prostacycline.
- Vasokonstriktoren sind Endothelin sowie Thromboxan A_2.

FÜRS MÜNDLICHE

Hier kommen die Fragen zum Thema Kreislauf und Gefäßsystem. Zur Rekapitulation z. B. auch in deiner Lerngruppe eignen sich folgende Fragen unserer mündlichen Prüfungsprotokoll-Datenbank:

1. Erläutern Sie bitte die Durchführung der nichtinvasiven Blutdruckmessung (Riva-Rocci).
2. Was verstehen Sie unter der Windkesselfunktion der Aorta?
3. Sagen Sie, wie der Körper einen hämorrhagischen Schock kompensiert.
4. Erläutern Sie, wie die orthostatische Regulation abläuft.

1. Erläutern Sie bitte die Durchführung der nichtinvasiven Blutdruckmessung (Riva-Rocci).
Aufpumpen der Staumanschette über den systolischen Blutdruckwert, dann langsame Entleerung der Staumanschette. Bei Auskultation der A. brachialis sind zwischen dem systolischen und diastolischen Blutdruckwert die Korotkow-Geräusche zu hören.

FÜRS MÜNDLICHE

2. Was verstehen Sie unter der Windkesselfunktion der Aorta?
Die Gefäßwände der Aorta und großen Arterien sind sehr elastisch. Während der Auswurfphase des Herzens dehnen sie sich stark und nehmen so einen Teil des Blutvolumens auf. In der Diastole wird dieses Blutvolumen wieder abgegeben.

3. Sagen Sie, wie der Körper einen hämorrhagischen Schock kompensiert.
Über den Pressorezeptorreflex, einen erhöhten Sympathikotonus, Zentralisation, das Renin-Angiotensin-Aldosteron-System und das antidiuretische Hormon.

4. Erläutern Sie, wie die orthostatische Regulation abläuft.
Beim Aufstehen „versacken" ca. 0,5 l Blut in den venösen Kapazitätsgefäßen der Beine → Abfall des Schlagvolumens und des systolischen Blutdrucks → verringerte Aktivität der Presso- und Dehnungsrezeptoren → kompensatorische Aktivierung des Sympathikus → Anstieg der Herzfrequenz und des Herzzeitvolumens sowie des totalen peripheren Widerstandes durch Vasokonstriktion.

Mehr Cartoons unter www.medi-learn.de/cartoons

Pause

Päuschen, bevor auch dir der Kreislauf versagt ...

Ein besonderer Berufsstand braucht besondere Finanzberatung.

Als einzige heilberufespezifische Finanz- und Wirtschaftsberatung in Deutschland bieten wir Ihnen seit Jahrzehnten Lösungen und Services auf höchstem Niveau. Immer ausgerichtet an Ihrem ganz besonderen Bedarf – damit Sie den Rücken frei haben für Ihre anspruchsvolle Arbeit.

- Services und Produktlösungen vom Studium bis zur Niederlassung
- Berufliche und private Finanzplanung
- Beratung zu und Vermittlung von Altersvorsorge, Versicherungen, Finanzierungen, Kapitalanlagen
- Niederlassungsplanung & Praxisvermittlung
- Betriebswirtschaftliche Beratung

Lassen Sie sich beraten!
Nähere Informationen und unseren Repräsentanten vor Ort finden Sie im Internet unter
www.aerzte-finanz.de

Deutsche Ärzte Finanz

Standesgemäße Finanz- und Wirtschaftsberatung

2.4 Venöses System

Das venöse System ist klinisch von etwas geringerer Bedeutung als das arterielle System. Typische Erkrankungen sind Thrombosen und Entzündungen. Von besonderer Bedeutung ist aber das Monitoring des venösen Systems bei Operationen und in der Intensivmedizin. Als wichtigster Parameter gibt der zentrale Venendruck Aufschluss über den Hydratationszustand des Körpers und die Herzfunktion. Neben dem zentralen Venendruck wird im Physikum auch häufig nach der charakteristischen Venenpulskurve gefragt.

2.4.1 Zentraler Venendruck

Der zentrale Venendruck (ZVD) ist als der **Druck im rechten Herzvorhof** definiert. Da die Füllung des rechten Vorhofs eng mit dem intravasalen Volumen korreliert ist, ist der zentrale Venendruck ein Maß für das intravasale Volumen. Aufgrund der hohen Compliance des venösen Systems kommt es bei Volumengabe aber nur zu einem geringfügigen Anstieg des Venendrucks.

> **Übrigens ...**
> Bei Operationen, bei denen die Gefahr großer Blutverluste besteht, wird oft über einen zentralen Venenkatheter der zentrale Venendruck gemessen.

Außer vom Blutvolumen und der Körperlage (im Stehen niedriger als im Liegen) hängt der ZVD auch von der Funktion des Herzens und der Lunge ab. Bei der Inspiration wird z. B. ein Sog auf die großen Venen im Thorax ausgeübt, wodurch der ZVD absinkt und sogar negative Werte annehmen kann. Bei Herzinsuffizienz dagegen kann das Herz nicht genug Blut pumpen und es kommt zu einem Stau in den Hohlvenen und im rechten Vorhof, wodurch der ZVD steigt. Des Weiteren schwankt der ZVD zyklisch mit der Herzaktion. Diese Schwankungen spiegeln sich in der **Venenpulskurve** wider.

2.4.2 Venenpulskurve

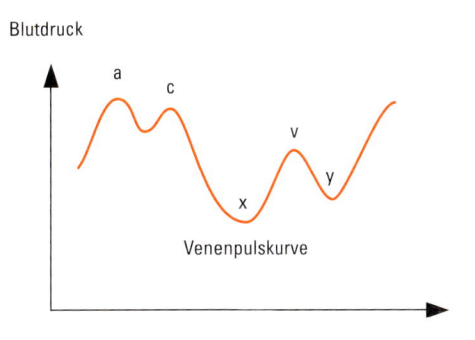

Abb. 35: Venenpulskurve *medi-learn.de/6-physio6-35*

Die Venenpulskurve ist gekennzeichnet durch drei positive Wellen (a, c und v) sowie zwei negative Senken (x und y).
Die positiven Wellen zeigen eine Drucksteigerung im rechten Vorhof an, die negativen einen Druckabfall.

- Die **a-Welle** (atrial) entsteht durch die **Vorhofkontraktion**.
- Es folgt der Schluss der Trikuspidalklappe und die Anspannung des rechten Ventrikels, wodurch sich die Trikuspidalklappe in den rechten Vorhof vorwölbt. Dadurch entsteht die Druckerhöhung, die als **c-Welle** in der Venenpulskurve erscheint.
- Die **x-Senke** fällt in die Austreibungsphase des Herzens. Der starke Druckabfall kommt durch die Verschiebung der Klappenebene nach kaudal zustande, wodurch ein Sog auf den rechten Vorhof ausgeübt wird.
- Der umgekehrte Effekt, nämlich die Verschiebung der Ventilebene nach kranial, verursacht die **v-Welle**, die folglich in der Entspannungsphase liegt.
- Die Öffnung der Trikuspidalklappe markiert den Beginn der Füllungsphase. Da dort Blut aus dem Vorhof in den Ventrikel strömt, sinkt der Druck im Vorhof ab **(y-Senke)**.
- Im zweiten Teil der Füllungsphase sorgt dann die Vorhofkontraktion für den Druckanstieg, der sich als a-Welle zeigt.

2.5 Mikrozirkulation

In den Kapillaren und den postkapillären Venolen vollzieht sich der Stoffaustausch zwischen Blut und Organgeweben. Den Kapillaren vorgeschaltet sind die **präkapillären Arteriolen**, durch deren Kontraktion der Blutfluss in den Kapillaren reguliert wird. Der Stoffaustausch zwischen Blut und Interstitium geschieht sowohl durch Diffusion als auch durch aktive Transportprozesse und Filtration. Durch die Filtration wird Wasser aus dem Blut in das Interstitium gepresst. Gegen Ende der Austauschstrecke schlägt die Filtration in Resorption um, d. h., dass das Wasser wieder aus dem Interstitium zurück in die Gefäße läuft. Wie viel Wasser im Endeffekt abgepresst wird, hängt von den **hydrostatischen** und **kolloidosmotischen Druckunterschieden** ab. Der kolloidosmotische Druck, der durch die Eiweiße im Blut entsteht, wird als **onkotischer Druck** bezeichnet.

2.5.1 Kolloidosmotischer Druck

Kolloide sind in einer Flüssigkeit gelöste Teilchen. Alle gelösten Teilchen wirken osmotisch auf Wasser, d. h., dass sie osmotischen Druck ausüben, um Wasser in ihrer Umgebung zu halten. Da die Elektrolyte frei zwischen Plasma und Interstitium diffundieren können, sind ihre Konzentrationen im Wesentlichen gleich. Daher hängt der kolloidosmotische Druck von den im Blut und Interstitium gelösten **Eiweißen** (können nicht zwischen Blut und Interstitium hin und her wandern) ab. Erhöhte Proteinkonzentrationen im Blut erhöhen daher den onkotischen Druck und verschieben so das Flüssigkeitsgleichgewicht in Richtung des Blutplasmas, was das intravaskuläre Flüssigkeitsvolumen erhöht.

> **Merke!**
>
> Bei Proteinmangel kommt es zum Abfall des onkotischen Drucks im Plasma.

Übrigens ...
Bei Eiweißmangelernährung (Kwashiorkor), wie sie häufig in den Ländern der dritten Welt auftritt, können von der Leber nicht ausreichend Plasmaeiweiße synthetisiert werden. Es kommt zum Abfall des onkotischen Drucks und dadurch zur Flüssigkeitsverschiebung in das Interstitium. So entstehen die typischen Hungerödeme (z. B. der „Wasserbauch") mangelernährter Menschen.

2.5.2 Effektiver Filtrationsdruck

Der effektive Filtrationsdruck ist ein Maß dafür, wie viel Flüssigkeit aus dem Gefäß in das Interstitium gelangt. Er ergibt sich aus vier Werten:

1. Dem hydrostatischen intravasalen Druck ($P_{kapillär}$),
2. dem hydrostatischen interstitiellen Druck ($P_{interstitiell}$),
3. dem onkotischen intravasalen Druck ($\pi_{kapillär}$) und
4. dem onkotischen interstitiellen Druck ($\pi_{interstitiell}$).

Dabei befördern der hydrostatische intravasale Druck und der onkotische interstitielle Druck Wasser ins Interstitium, der hydrostatische interstitielle Druck und der onkotische intravasale Druck halten Wasser im Gefäß.
Den effektiven Filtrationsdruck erhält man, indem die nach innen gerichteten Drücke von den nach außen gerichteten subtrahiert werden:

$$P_{eff} = (P_{kap} + \pi_{inter}) - (P_{inter} + \pi_{kap})$$
bzw.
$$P_{eff} = (P_{kap} - P_{inter}) - (\pi_{kap} - \pi_{inter})$$

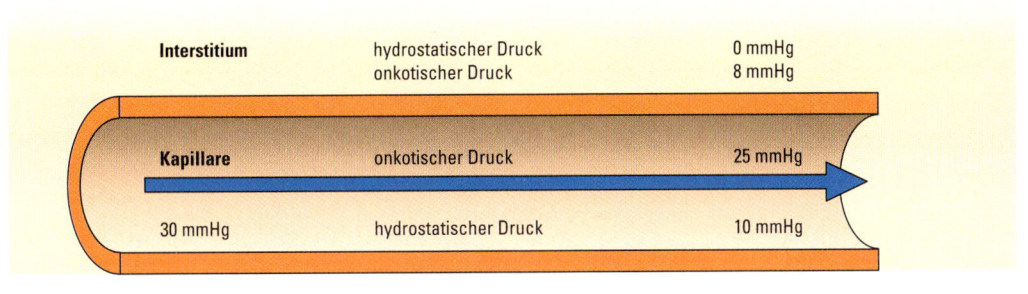

2.5.2 Effektiver Filtrationsdruck

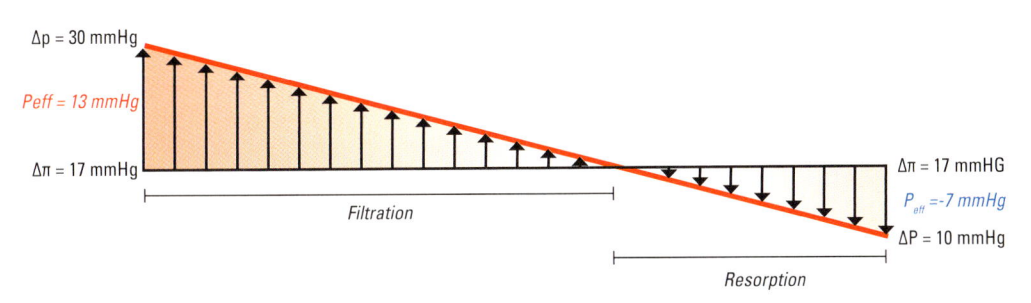

Abb. 36: Drücke und Wirkrichtung im kapillären Gefäßbett
medi-learn.de/6-physio6-36

Der hydrostatische Druck in den Kapillaren lässt sich über Konstriktion und Vasodilatation der präkapillären Arteriolen regulieren. Da der Druck von der 4. Potenz des Gefäßradius abhängt (s. Hagen-Poiseuille-Gesetz, 2.2.1, S. 33 oder im Skript Physik), ist die Gefäßweite der Arteriolen von besonders großer Bedeutung. Bei **Dilatation der präkapillären Arteriolen** fällt der Blutdruck vor den Kapillaren weniger ab, sodass der Blutdruck in den Kapillaren höher ist. Dadurch steigt der effektive Filtrationsdruck an und es kommt zur **erhöhten Auswärtsfiltration** aus den Kapillaren ins Interstitium. Umgekehrt sinkt der effektive Filtrationsdruck bei Kontraktion der präkapillären Arteriolen ab.

Auch die Plasmaeiweiß-Konzentration beeinflusst den effektiven Filtrationsdruck. Sowohl bei proteinarmer Mangelernährung, schweren Leberschäden, als auch bei Eiweißverlusten über die Niere sinkt die Proteinkonzentration im Plasma ab. Dadurch fällt auch der onkotische Druck des Plasmas, wodurch der effektive Filtrationsdruck steigt. Umgekehrt steigt also der onkotische Druck, wenn sich die Albumin-Konzentration im Plasma erhöht.

Der effektive Filtrationsdruck ist nicht entlang der gesamten Kapillare gleich: Zu Beginn der Kapillare ist er hoch, am Ende ist er deutlich negativ. Das liegt daran, dass der Blutdruck entlang der Kapillare abfällt. Zu Beginn der Kapillare wird also Volumen filtriert, am Ende rückresorbiert. Insgesamt gelangt etwa 0,5 % des durchfließenden Plasmavolumens ins Interstitium. Das sind 20 Liter pro Tag, von denen 90 % gleich wieder resorbiert werden, die restlichen 2 Liter werden vom Lymphsystem aufgenommen.

2 Kreislauf

> **Merke!**
> Die Kontraktion der präkapillären Arteriolen führt zu weniger Filtration in den Kapillaren.

2.5.3 Pathophysiologie: Ödeme

Ödeme sind **Wasseransammlungen im interstitiellen Gewebe**. Sie entstehen, wenn der effektive Filtrationsdruck zu hoch ist und zuviel Wasser ins Interstitium gepresst wird.
Mögliche Ursachen sind u. a.
- ein Proteinmangel im Gefäßsystem, der z. B. bei Leberversagen entsteht (die Albuminsynthese findet in der Leber statt),
- ein erhöhter Druck im venösen System, z. B. bei Herzinsuffizienz oder Herzversagen aufgrund eines Myokardinfarkts oder
- eine allergische Reaktion, wenn durch Histamin die Permeabilität des Endothels erhöht wird.

2.6 Besonderheiten der Kreislaufregulation in den verschiedenen Organen

Einige Besonderheiten bei der Regelung der Organdurchblutung werden immer wieder im schriftlichen Physikum gefragt:
- Die Autoregulation, die für die Durchblutung des Gehirns und der Nieren bestimmend ist, dient dazu, die Durchblutung möglichst konstant zu halten.
- Die Durchblutung der Lunge hängt dagegen maßgeblich vom Sauerstoffgehalt der Alveolen ab.

2.6.1 Autoregulation/Bayliss-Effekt

Unter dem Bayliss-Effekt versteht man, dass die Arterien (z. B. von Nieren und Gehirn) systemische Blutdruckschwankungen selbständig ausgleichen. Bei Blutdrucksteigerungen kommt es kompensatorisch zur Vasokonstriktion, bei Blutdruckabfall zur Vasodilatation. Die Nieren können damit immerhin systolische Druckschwankungen im Bereich von 80–180 mmHg kompensieren.

2.6.2 Gehirn

Insgesamt erhält das Gehirn etwa **15 % des Herzzeitvolumens**, wobei die graue Substanz stärker durchblutet wird als die weiße.
Die Durchblutung wird über den Bayliss-Effekt reguliert, sodass eine Steigerung des Herzzeitvolumens, z. B. bei körperlicher Arbeit, keine Steigerung der Gehirndurchblutung nach sich zieht.
Aber auch lokal-metabolische Faktoren – v. a. der CO_2-Partialdruck – haben Einfluss auf die Durchblutung. Ein **Anstieg** des CO_2**-Partialdrucks** führt dabei zur **Vasodilatation** (zur erhöhten Durchblutung), ein **Abfall** des CO_2, z. B. bei Hyperventilation, zur **Vasokonstriktion** der kleinen Arterien, was den effektiven Filtrationsdruck in den Kapillaren senkt und so Hirnödemen vorbeugt. Die Arterien des Gehirns sind kaum mit $α_1$-Adrenozeptoren ausgestattet, sodass bei einer Aktivierung des Sympathikus (z. B. durch hämorrhagischen Schock) die Durchblutung nur wenig eingeschränkt wird.

2.6.3 Lunge

100 % des Herzzeitvolumens werden vom rechten Ventrikel in die Lungen gepumpt. Allerdings sind die Drücke im Lungenkreislauf viel geringer (ca. 20–25/10 mmHg) als im großen Körperkreislauf (ca. 120/80 mmHg). Die Durchblutung der Lunge unterliegt KEINER Autoregulation. Die Lungengefäße reagieren sogar gegensätzlich, nämlich **druckpassiv**: Bei vermehrter Durchblutung (z. B. erhöhtem Herzzeitvolumen), dilatieren sie, bei verminderter Durchblutung reagieren sie mit Vasokonstriktion. Außerdem wird die Durchblutung der Lunge vom Sauerstoffgehalt der Lungenalveolen gesteuert: Bei **Hypoxie steigt** der **Widerstand des Lungenkreislaufs (Euler-Liljestrand-Mechanismus)**. Dieses Prinzip der hypoxischen Vasokonstriktion ist der wichtigste Steuermechanismus der Lungendurchblutung.

2.6.4 Nieren

Die Nieren erhalten ca. 20 % des Herzzeitvolumens. Zusammen mit dem Gehirn sind sie die typischen Organe, bei denen Druckschwankungen durch Autoregulation (Bayliss-Effekt) kompensiert werden.
Die Filtration in den Glomerula wird dadurch unterstützt, dass in den Kapillaren höhere Drücke erzeugt werden als in anderen Organen.

> **Übrigens ...**
> Der relative Sauerstoffverbrauch der Nieren ist gering, sodass die O_2-Konzentration im Blut der Nierenvenen hoch ist.

2.6.5 Herz

Das Herz erhält **5 % des Herzzeitvolumens**, also etwa 250 ml/min.

2.6.6 Haut

Normalerweise sind die Arteriolen der Haut durch den sympathischen Grundtonus etwas kontrahiert. Durchtrennt man die sympathischen Nerven zu den Gefäßen, dilatieren sie und die Haut erscheint rot und warm.

> **Übrigens ...**
> Die Hautdurchblutung hängt stark von der Wärmebildung des Körpers ab. Da die Wärmeabgabe des Körpers vor allem über die Haut erfolgt, nimmt die Hautdurchblutung bei schwerer körperlicher Arbeit stärker zu als die Durchblutung der inneren Organe.

2.6.7 Skelettmuskel

Die Gefäßmuskulatur der Skelettmuskeln ist reich mit β_2-Adrenozeptoren bestückt. Bei körperlicher Anstrengung wird eine ausreichende Durchblutung der Skelettmuskulatur vom Körper über die Ausschüttung von Adrenalin und Noradrenalin gesichert. Daneben spielen lokale Metabolite eine wichtige Rolle. So führt u. a. die erhöhte extrazelluläre Konzentration von Kalium-Ionen, Säure, Adenosin und pCO_2 bei Muskelarbeit zur lokalen Vasodilatation.

> **Merke!**
> – Die Durchblutung von Gehirn und Nieren wird über die Autoregulation (Bayliss-Effekt) konstant gehalten.
> – Die Durchblutung von Haut und Lunge unterliegt keiner Autoregulation.
> – Die Durchblutung der Lunge wird durch die hypoxische Vasokonstriktion gesteuert.

2.7 Fetaler Kreislauf

Der fetale Kreislauf unterscheidet sich in einigen wichtigen Punkten vom postnatalen Kreislauf:
– Das fetale Blut wird in der Plazenta mit Sauerstoff angereichert (pO_2: ca. 20–30 mmHg) und fließt in der V. umbilicalis zum Fetus. Auf dem Weg von der V. umbilicalis zum Fetus zurück über die Aa. umbilicalae nimmt der Sauerstoffpartialdruck im Blut immer weiter ab.
– Leber und Lunge des Fetus werden durch Shuntverbindungen umgangen, da deren Aufgaben vom mütterlichen Organismus übernommen werden. Durch den **Ductus venosus** gelangt das Blut aus der Vena umbilicalis – unter Umgehung der Leber – in die untere Hohlvene und von da aus zum Herzen. Zur Umgehung des Lungenkreislaufs befindet sich im Herzen ein Loch in der Vorhofscheidewand – das **Foramen ovale** – durch welches das Blut direkt vom rechten in den linken Vorhof gelangt.
– Eine gewisse Menge Blut wird aber trotzdem über den rechten Ventrikel in die Lungenarterie gepumpt, von wo aus es über eine weitere Shuntverbindung – den **Ductus arteriosus (Botalli)** – in die Aorta gelangt.
– Die Herzfrequenz des Feten ist > 100/min.
– Das Blut fließt über die Nabelschnurarterien zurück zur Plazenta.

2 Kreislauf

Nach der Geburt verschließen sich der Ductus arteriosus und das Foramen ovale: Da nach der Geburt der Druck im Lungenkreislauf stark abfällt, wird auch der Druck im rechten Vorhof kleiner als der im linken. Dies ändert kurzzeitig den Blutfluss vom linken in den rechten Vorhof, was meist sofort zum funktionellen Verschluss des Foramen ovale führt.

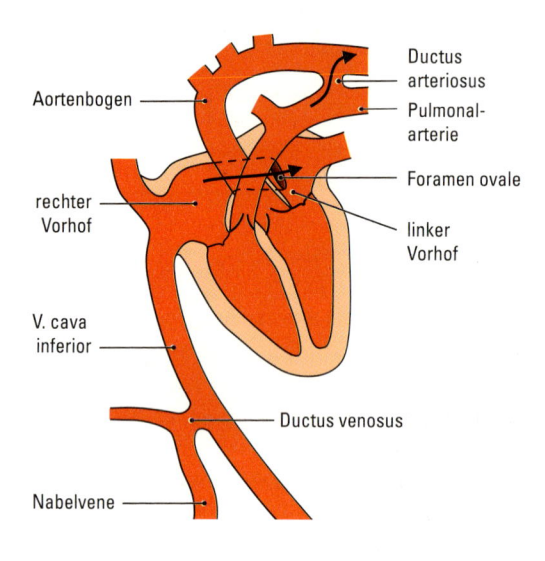

Abb. 37: Fetaler Kreislauf

medi-learn.de/6-physio6-37

2.7.1 Offener Ductus arteriosus Botalli

Bei manchen Kindern verschließt sich der Ductus Botalli nach der Geburt nicht. Da nach der Geburt der Druck im Körperkreislauf aber höher als im Lungenkreislauf ist, kehrt sich der Blutfluss im Ductus arteriosus um: Das Blut fließt aus der Aorta in die Lungenarterie und von dort aus wieder in die Lunge. Diese Verhältnisse bezeichnet man als **Links-Rechts-Shunt**. Der Druck und der Volumendurchfluss in der Lungenarterie ist gegenüber dem Druck im rechten Ventrikel erhöht, ebenso wie die Sauerstoffsättigung des Blutes in den Lungenarterien. Beim Links-Rechts-Shunt kommt es längerfristig durch den erhöhten Durchfluss durch die Lunge zu einer dauerhaften Schädigung der Lungengefäße. Deshalb wird dieser Herzfehler in der Regel operativ korrigiert.

2.8 Lymphsystem

Nur sehr selten wurden bislang zum Lymphsystem Fragen im Physikum gestellt. In den letzten Jahren wurde nach den folgenden Fakten gefragt:
Insgesamt werden in den Kapillaren des gesamten Körpers 2 Liter Flüssigkeit filtriert und nicht wieder reabsorbiert. Diese 2 Liter werden über das Lymphgefäßsystem abtransportiert und so dem venösen System zugeführt.
Die Lymphe enthält Fibrinogen sowie andere Gerinnungsfaktoren und ist folglich gerinnungsfähig.

DAS BRINGT PUNKTE

Aus dem Themenkomplex **venöses System** lohnt es sich auf jeden Fall zu wissen, dass
- die Venenpulskurve aus einzelnen Wellen besteht, die unterschiedliche Ursachen haben,
  - a-Welle – Vorhofkontraktion
  - x-Senke – Verlagerung der Ventilebene in Richtung Herzspitze
  - y-Senke – Blutausstrom aus dem Vorhof in den Ventrikel
- der zentrale Venendruck der Druck im rechten Vorhof ist und
- der zentrale Venendruck mit erhöhtem Volumen im Gefäßsystem ansteigt. Außerdem steigt er bei der Ausatmung und bei Herzinsuffizienz.

Aus dem Themenbereich **Mikrozirkulation** solltest du dir unbedingt merken, dass
- in den Kapillaren ein Gleichgewicht zwischen Filtration und Reabsorption von Flüssigkeit herrscht.

Ob insgesamt die Filtration oder die Reabsorption überwiegt, hängt vom **effektiven Filtrationsdruck** ab:
- Er ergibt sich aus der Differenz der onkotischen und hydrostatischen Drücke in den Gefäßen und im Interstitium.
- Steigen der onkotische Druck des Interstitiums oder der hydrostatische Druck im Gefäßinnern, steigt auch der effektive Filtrationsdruck.
- Umgekehrt sinkt der effektive Filtrationsdruck, wenn der onkotische Druck im Gefäß oder der hydrostatische Druck im Interstitium ansteigen.
- Ist der effektive Filtrationsdruck zu hoch, kommt es zur Ödembildung.

Bei den Fragen zu Besonderheiten der **Organkreisläufe** stehen die folgenden Fakten im Vordergrund:
- Die Durchblutung von Nieren und Gehirn wird durch die Autoregulation (Bayliss-Effekt) maßgeblich gesteuert. Sie ändert sich deshalb auch bei veränderten Kreislaufverhältnissen (z. B. körperlicher Arbeit, Steigerung des HZV) nicht wesentlich.
- Die Durchblutung der Lunge wird durch die hypoxische Vasokonstriktion gesteuert: Bei Hypoxie werden die Lungengefäße verengt.

Last but not least sollten dir die drei Shuntverbindungen des **fetalen Kreislaufs** wirklich bekannt sein:
- der Ductus venosus zwischen Vena umbilicalis und Vena cava inferior,
- das Foramen ovale zwischen rechtem und linkem Atrium,
- der Ductus arteriosus zwischen Pulmonalarterie und Aorta.

FÜRS MÜNDLICHE

Jetzt hast du es fast geschafft. Hier folgen die letzten beiden Fragen für dieses Skript.

1. **Erläutern Sie uns bitte, welche Mechanismen den venösen Rückstrom des Blutes bewirken!**

2. **Beschreiben Sie bitte, wie Ödeme entstehen!**

FÜRS MÜNDLICHE

1. Erläutern Sie uns bitte, welche Mechanismen den venösen Rückstrom des Blutes bewirken!

1. Ventilebenenmechanismus: Durch die Bewegung der Ventilebene nach unten entsteht ein Sog auf die herznahen venösen Gefäße.
2. Atmung: Bei der Inspiration entstehen ein Unterdruck im Thorax und ein Überdruck im Bauchraum.
3. Muskelpumpe: Durch die Muskelanspannung werden die Venen komprimiert. In welche Richtung das Blut gedrückt wird, wird von den Venenklappen bestimmt.

2. Beschreiben Sie bitte, wie Ödeme entstehen!

Durch Steigerung des effektiven Filtrationsdrucks, z. B.
- bei Proteinmangel durch Verlust von Proteinen über die Niere oder gestörter Proteinsynthese in der Leber oder
- durch Rückstau von Blut im venösen System (z. B. bei Herzinsuffizienz).
- bei verstärkter Durchlässigkeit (Permeabilität) der Kapillaren (z. B. Entzündung, Allergie)

Lymphabflussstörungen führen zu einem Lymphödem (z. B. nach einer OP).

Pause

Geschafft! Hier noch ein kleiner Cartoon als Belohnung ...

Mehr Cartoons unter www.medi-learn.de/cartoons

MÜNDLICHE PRÜFUNG

ÜBER 5000 PHYSIKUMSPROTOKOLLE

KOSTENLOS HERUNTERLADEN

WWW.MEDI-LEARN.DE/SKR-PROTOKOLLE

MEDI-LEARN®

Index

A
ADH 37
Adrenalin 37
Aktionspotenzial 7, 9
– des Sinusknotens 9, 24
– des Ventrikelmyokards 7
Aldosteron 37, 40
ANF 37
Angiotensin-Converting-Enzyme 37
Anspannungsphase 2, 3
antidiuretisches Hormon 37
Aortenklappenstenose 26
Arbeitsdiagramm 21
Atherosklerose 26
atrialer natriuretischer Faktor 37
Atriopeptin 6, 37
Atrio-Ventrikular-Knoten 7
Aufstrich 7, 8
Austreibungsphase 2, 3
AV-Knoten 7

B
Bayliss-Effekt 39, 48, 49
Blutdruck 31, 35, 37
Blutdruckregulation 38
– lokale 38
– neuronale 38
Bluthochdruck 39
– renovaskulärer 40

C
Calcium 8, 10, 15
Compliance 33

D
Depolarisation 9, 25
– diastolische 9, 25
Diastole 2
Digitalis 16, 24
Druckpuls 35
Ductus arteriosus (= Botalli) 49
Ductus venosus 49
Durchblutung 25
– spezifische 25

E
effektiver Filtrationsdruck 46
Einthoven 13
– Ableitung 13
Ejektionsfraktion 23
EKG 10
elektromechanische Kopplung 15
Endothelin-1 39
Entspannungsphase 2, 3
Erregungsbildungssystem 7
Erregungsleitungssystem 7
Euler-Liljestrand-Mechanismus 48
Extrasystole 16

F
fetaler Kreislauf 49
Filtration 46
Foramen ovale 49
Frank-Starling-Mechanismus 23
Füllungsphase 2, 3

G
Gap Junctions 7
Goldberger-Extremitätenableitungen 13

H
Hagen-Poiseuille 33
Herzaktion 1, 2, 21
Herzarbeit 21
Herzfehlbildungen 27
Herzfrequenz 1, 9
Herzgeräusche 6, 26
– diastolische 26
– systolische 26
Herzinfarkt 26
Herzinsuffizienz 23
Herzklappen 26
Herztöne 6
– I. Herzton 6
– II. Herzton 6
– III. Herzton 6
– IV. Herzton 6
Herzzeitvolumen 1
His-Bündel 7
hydrostatische Indifferenzebene 40
hydrostatischer Druck 40
Hydrostatischer Indifferenzpunkt 40

Hyperkalzämie 8
Hypertonus 39
Hypokalzämie 8

I
Inotropie 16
Insuffizienz 26

K
Kammerflimmern 16
Kapazitätsgefäße 32
Kapillaren 32
Kirchhoff-Gesetze 35
Kontinuitätsgesetz 35
Kontraktion 3, 15
– isovolumetrisch 3, 5
Koronardurchblutung 25
Körperkreislauf 2, 31
Kreislaufzeit 23
Kreislaufzentrum 38

L
Lagetyp 12, 17
– elektrischer 12
Laplace-Gesetz 34
Links-Rechts-Shunt 50
Lungenkreislauf 3, 31
Lymphe 50

M
Mikrozirkulation 46
Mitralklappeninsuffizienz 27
Mitralklappenstenose 27
Myokardinfarkt 26

N
Nachlast 23
NO 39

O
Ohm-Gesetz 32
Orthostase 41

P
Parasympathikus 24, 25, 38
Phäochromozytom 37
Plateauphase 7, 8

PQ-Intervall 11
PQ-Strecke 11
Pressorezeptoren 38, 41
Prostacyclin 39
Prostaglandine 39
Puls 1, 35
Pulswellengeschwindigkeit 36
Purkinje-Fasern 7
P-Welle 11

Q
QRS-Komplex 11

R
Refraktärzeit 8
– absolute 8
– relative 8
Renin 37, 40
Repolarisation 7, 8
Resorption 46
Riva-Rocci 39
Ruhe-Dehnungs-Kurve 22
Ruhepotenzial 8
Ryanodin-Rezeptoren 15

S
sarkoplasmatisches Retikulum 15
Schenkelblock 17
Schlagvolumen 1, 6, 23
Schock 41
– hämorrhagischer 41
Schrittmacher 9
– primärer 9
Segelklappen 3
Sinusknoten 7
Stenose 26
Stickstoffmonoxid 39
Stoffaustausch 46
Strompuls 35
Strömungsgeschwindigkeit 31
ST-Strecke 11
Sympathikus 24, 38, 41
Systole 2

T
Taschenklappen 3
Tawara-Schenkel 7

Index

Thrombose 26, 45
Thromboxan A2 39
Totaler peripherer Widerstand 32
transmuraler Druck 33
T-Welle 11

U
Unterstützungsmaxima 22

V
Venen 32
Venenpulskurve 45
Ventilebenenmechanismus 3, 6
Ventrikelseptumdefekt 28
Viskosität 34
Volumen 5
– enddiastolisches 5, 6
– endsystolisches 6
Volumenelastizitätskoeffizient 33
Volumenkurve 5
Vorhofdehnungsreflex 6
Vorlast 23

W
Wandspannung 33
Widerstandsgefäße 31
Windkesselfunktion 31, 37

Z
zentraler Venendruck (ZVD) 45
Zentralisation 41
Zentralvenöser Druck 32

Feedback

Deine Meinung ist gefragt!

Es ist erstaunlich, was das menschliche Gehirn an Informationen erfassen kann. Slbest wnen kilene Fleher in eenim Txet entlheatn snid, so knnsat du die eigneltchie lofnrmotian deoncnh vershteen – so wie in dsieem Text heir.

Wir heabn die Srkitpe mecrfhah sehr sogrtfältg güpreft, aber vilcheliet hat auch uesnr Girehn – so wie deenis grdaee – unbeswust Fheler übresehne. Um in der Zuuknft noch bsseer zu wrdeen, bttein wir dich dhear um deine Mtiilhfe.

Sag uns, was dir aufgefallen ist, ob wir Stolpersteine übersehen haben oder ggf. Formulierungen verbessern sollten. Darüber hinaus freuen wir uns natürlich auch über positive Rückmeldungen aus der Leserschaft.

Deine Mithilfe ist für uns sehr wertvoll und wir möchten dein Engagement belohnen: Unter allen Rückmeldungen verlosen wir einmal im Semester Fachbücher im Wert von 250 Euro. Die Gewinner werden auf der Webseite von MEDI-LEARN unter www.medi-learn.de bekannt gegeben.

Schick deine Rückmeldung einfach per E-Mail an support@medi-learn.de oder trag sie im Internet in ein spezielles Formular für Rückmeldungen ein, das du unter der folgenden Adresse findest:

www.medi-learn.de/rueckmeldungen

NUR FÜR CLUBMITGLIEDER

WWW.MEDI-LEARN.DE/CLUB/AB123

SMS

DEINE EXAMENSERGEBNISSE PER SMS KOSTENLOS AUFS HANDY

MEDI-LEARN®